央视市场研究

中国消费与传媒市场趋势 2017—2018
THE CHANGING CONSUMER AND COMMUNICATION MARKET TRENDS

徐立军 主编

中国财经出版传媒集团
中国财政经济出版社

图书在版编目（CIP）数据

中国消费与传媒市场趋势.2017—2018/徐立军主编.—北京：中国财政经济出版社，2017.12

ISBN 978-7-5095-7838-4

Ⅰ.①中… Ⅱ.①徐… Ⅲ.①消费市场-市场调查-中国-2017—2018②传播媒介-市场调查-中国-2017-2018 Ⅳ.①F723.58②G206.2

中国版本图书馆 CIP 数据核字（2017）第 276780 号

责任编辑：周桂元　　　　责任校对：李　丽
责任印制：张　健

中国财政经济出版社 出版

URL：http://www.cfeph.cn

E-mail：cfeph@cfeph.cn

（版权所有　翻印必究）

社址：北京市海淀区阜成路甲28号　邮政编码：100142
营销中心电话：88190406　北京财经书店电话：64033436　84041336
北京富生印刷厂印刷　各地新华书店经销
787×1092毫米　16开　14.5印张　190 000字
2017年12月第1版　2017年12月北京第1次印刷
定价：49.00元
ISBN 978-7-5095-7838-4
（图书出现印装问题，本社负责调换）
本社质量投诉电话：010-88190744
打击盗版举报热线：010-88190414　QQ：447268889

序

心存定力　乐观前行

2017年,是一个看似"稳稳当当"的年份,没有大变化,没有大惊喜,也没有大危机,世界和中国在稳步中前行,波澜不惊。

CTR(央视市场研究股份有限公司)的数据也在描绘着这样的状态。在8月份举行的"CTR洞察"峰会上,我们发布了最新的中国消费市场趋势、广告市场趋势、媒介市场趋势,大家听到或看到的大多是"微增"、"微降"、"温和"、"收窄"这样的关键词。比如,消费市场在增长,但是增幅收窄;广告市场在增长,但是增幅还不到1%;电视广告在下降,但是降幅也在收窄;电视节目的爆款在减少……从监测数据来看,整个中国市场看似波澜不惊,进入了一个稳定且胶着的状态。但是,微弱变化的数据背后,有没有潜在的,正在酝酿着的巨变?面对这样的市场,该如何辨析洞察数据背后的"变"与"不变"?在"CTR洞察"峰会上我们给出了部分答案。本书的出版,将更加详细地呈现CTR的洞察。

这些年,我们经常被一个金句所困扰,那就是"唯一不变的是变化"。这句话让人心慌、焦虑,生怕错过机会,生怕被时代淘汰。其实中国早就有两句老话对应,即"以不变应万变"和"万变不离其宗"。在我看来,"变化"很重要,"不变"的东西也很重要。美国市场营销学教授肯·伯恩哈德曾提醒我们:"大多数人都高估了市场的变化速度,而低估了没有发生变化的重要性。"我也非常赞同中国传媒大学广告学院院长丁俊杰老师对判断"变化"所给出的建议:要分清哪些是气象性变化,哪些是气候性变化。

每年CTR所发布的各类数据分析和洞察报告,就是CTR对市场变

# 中国消费与传媒市场趋势2017—2018

化趋势背后不变的本质和规律的探求。我们曾建议大家从消费者的"内心"出发去做产品和营销的加减法，曾建议大家关注广告投放转型背后的规模营销与精准营销的再平衡，也曾建议大家在媒体融合变化的大背景下，始终投入最大的精力去挖掘内容价值与用户价值。面对2017年波澜不惊的数据变化，洞察数据背后不变的本质和规律，就是本书创作所遵循的一个重要原则。

既要紧跟时代变迁，又要拥有战略定力，是这样一个快速变化的时代给我们提出的新课题。我曾说过，"求真"是市场研究公司的命，是市场研究公司最大的天，也是CTR要赌到底的不变。回归市场研究行业的本元，"真材实料做数据"就是CTR对不变的坚守，是CTR要保持的战略定力，这种定力一年不变、两年不变、十年不变，恒久不变。

但在这样一个变化多、热点多、诱惑多、风口多的时代，保持战略定力谈何容易。市场一有风吹草动，我们就特别容易听到一些唱衰、悲观、预警甚至消亡的论调，比如对传统媒体的唱衰，对品牌营销的唱衰，对广告公司的唱衰，包括对市场研究行业的唱衰。面对悲观论调，马特·里德利的名著《理性乐观派》给出了很好的建议，他提醒我们，不要以为悲观才显得深刻，不要以为乐观就显得盲目，其实绝大多数专家对这个世界的悲观预测最后都被证明是错误的。

所以，做一个理性的乐观派吧，虽然我们不知道当下中国经济L型的新常态还会延续多久，也不知道我们哪天会从低谷中走出来，虽然我们还看不到整体广告市场有明显的起色，传统媒体日子还是一天比一天难过。但是CTR要做的事情，就是"要让希望具有可行性，不让绝望具有说服力"，就是要通过我们的数据，我们的研究和洞察，为中国市场发展注入建设性，注入可行性，来帮助CTR的客户寻找新路径，获得新增长！

2017年9月

目录

第❶编 | 中国消费市场趋势

1.1 新零售引爆新的品牌增长点 / 003
1.2 中国城市居民生活形态与消费的变迁 / 012
1.3 品牌如何在变幻莫测的环境下实现增长 / 023
1.4 中国快速消费品市场的双速增长：在家和在外消费 / 039
1.5 中国美妆行业增长引擎解析 / 051

第❷编 | 中国传媒市场趋势

2.1 2017年传媒市场趋势 / 071
2.2 全媒体时代中国媒体的变迁 / 082
2.3 2017年中国社交媒体影响力研究 / 110
2.4 IP热潮下，中国电影现状 / 129

第3编 中国广告及营销市场趋势

3.1 2017年广告市场的"主流"和"非主流" / 143

3.2 2017年上半年广告市场趋势 / 153

3.3 广告主对经济形势的预判及相应营销策略的改变 / 170

3.4 广告主媒体预算分配及对各类媒介工具的运用变化 / 183

3.5 金融行业广告主投放现状及趋势解析 / 204

3.6 食品饮料行业广告主投放现状及趋势解析 / 215

后记 / 225

第 1 编　中国消费市场趋势

1.1

新零售引爆新的品牌增长点

2017年初,喜茶登陆上海,一茶难求,上海来福士店的平均排队时间甚至达到了3小时。2017年中,喜茶登陆北京,虽然登陆那天狂风骤雨,依然不减消费者的热情。喜茶的火热甚至带火了"跑腿代购"的生意,淘宝上的喜茶代购的代购费达到了50元,已经超过一杯喜茶的价钱。消费者为什么愿意排三四个小时的队去买一杯奶茶,背后的心理很难用一两句话说清楚。消费者在完成购买之后,大多数会掏出手机,斜45度咔嚓记录下这一时刻,分享给朋友圈的小伙伴,引来点赞和羡慕无数。至于口味,这个本该属于中心要素,在分享的那一刻已经不那么重要了;重要的是,我排队了,我喝到了,我分享了。喜茶热的这种现象级表现,与中国零售的疲软形成了鲜明的对比。喜茶取得如此现象级的表现,表明了新零售正在引爆新的品牌增长点。

一、2017年上半年消费市场冷暖一览

凯度消费者指数对于中国城市家庭快速消费品的购买监测显示,2017年上半年整体市场比2016年同期增长2.6%,增幅较2016年同期有进一步收窄。在这个增幅背后,我们观察到中国家庭的购买频次继续下跌,而增长的主要动力有两个:一是消费升级,即价格上涨(价格同比上涨2.9%);二是人口福利,即城市化(城镇家庭数量同比增

长3.4%）。简而言之，目前中国城市家庭快速消费品增长是由消费升级与城市化的人口福利拉动，而消费量的增长是疲软的。

不同品类的表现有鲜明的差异：数据表明今年包装食品与饮料继续疲软表现：包装食品微量增长（+1.5%），饮料微量下跌（-0.8%）。乳制品，由于一些细分品类如常温奶表现不好，整体增长放缓明显。与食品大类形成鲜明对比的是个人护理用品增速仍然保持在8%以上，护肤品与化妆品品类的增幅甚至达到两位数增长，凸显口红效应，表明今天中国的消费者非常乐意为美丽买单。

渠道也呈现一冷一热的变化，电商渠道2017年上半年表现依旧高歌猛进，达到28%的增长率。虽然现在电商红利的消失是一个经常被提及的议题，但事实上，快速消费品就是通过吸引更多的消费者在线上购买而达到增长。同时，户外消费成为一个新的风口，单就奶茶店来说，2017年上半年就达到了10%的增长。与电商渠道和户外消费形成鲜明对比的是传统的大型连锁卖场：虽然昔日风光无限，他们如今已经进入盘整期，开关店非常频繁，正在通过调整店铺的业态与数量来更好地应对市场变化带来的新的竞争环境。

除此之外，凯度消费者指数也监测到一些增长的亮点：虽然市场增长趋缓，但监测的一百多个品类里面三分之二依然实现增长，所以市场是慢中有动，静中有快。一些小众的品类增长非常快，如漱口水，它的增幅可以达到70%。究其原因，是因为更多的消费者愿意开始尝试漱口水，同时进口厂商大举进入市场并加强对消费者的教育。2017年上半年追踪到新品有近八万个左右，是去年全年新品数量的62%，显示品牌主积极通过产品创新和改造来吸引消费者购买。此外，新中产阶级家庭的消费能力也在进一步释放，他们的消费购买力高出普通家庭的14%。无论是品牌主，还是媒体或广告代理公司都应该密切关注这些新的消费热点。

现在新名词越来越多，如新零售、渠道融合、生活美学、跨界零售等。这些新的名词使本来已经日趋复杂的市场更加模糊。其实喧嚣背后，我们依然要坚守的是以消费者为中心的模式，并以消费者为中心进行商业元素的重构。而自从2016年马云在云栖大会上提出新零售的概念后，新零售已经成为零售业讨论的热点。这种被称为"新零售"的模式，不仅是线上线下的融合，更是通过运用大数据和人工智能等先进技术手段，对于人、货、场这三个主要商业元素的重构。而在此之中，消费者则是新零售的核心。本文就人、货、场这三个方面带来新的增长机会进行深入分析。

二、人：把握消费者的潜在需求的探讨增长的前提

在讨论现在的消费者的需求前，我们先来理解一下之前的市场。太久远之前的消费市场不提，单看十年前：增长是以厂商为导向的，达到增长最简单的办法就是开更多的店或者出更多的新品。在十年前，一个零食类的跨国厂商可以通过出一个新品达到两位数增量；然而同一个跨国厂商在2016年和2017年出了更多的新品，甚至引进了新的品牌，却难以达到增长。2010到2015年的几年间，主流大型零售商通过开新店，扩展更大的疆土来达到迅速增长；而在2017年的现在排名前五的零售商只有一家依然可以保持通过开店达到迅速增长，而其他零售商由于单店销售的下降，进入了盘整期，从数量与形态上盘整。所以，究竟是什么改变了呢？

消费者的诉求在过去五年发生了翻天覆地的变化：之前，产品看得见，质量好或许就可以了。但现在的消费者对产品的追求在向更深层次发展：如果说之前的需求还尚在马斯洛的需求层次上的生理与安全，那么现在的追求已经达到感情与尊重，同时朝着自我实现发展。

消费者现在更注重商品的1）健康安全，2）方便简单与3）快乐享受。说到健康安全，背后是老龄化的社会现实与"二孩"的政策，对食品安全的更多关注和对环境污染深刻的切身认识；提到方便简单，

是日益加快的生活节奏,物流、产品、渠道的创新与消费者对速度与效率不断提高的期望相互作用的表象;至于快乐享受,则是人均可支配收入不断提高,更多的年轻无孩家庭与追求具有新阶级属性的生活方式的必然结果。

从现在到未来,有三个群体消费者值得厂商额外注意——有小孩的家庭、城市中产阶级以及年轻人。

第一,有小孩的家庭:"二孩"政策开放后,中国有小孩的家庭会明显增长。通过人口出生率与现阶段不同年龄人口进行预测,2021年对比2017年,10—14岁的儿童会增加7%左右。7%或许不是一个惊人的数字,但放在中国目前老龄化为主导的大背景下,这是一个非常重要的趋势。儿童产品当中,我们监测到儿童保健品是一个增长亮点:购买儿童保健品的家庭增加了71万户,该市场也达到了18%的销售增长。除此之外,IP与产品的融合也是市场发展的一个方向。举个例子:小猪佩奇是一个风靡全球的主打低幼儿童的动画IP,小猪佩奇饼干从上市不到一年,就在有小孩的家庭中达到了六个点的渗透率,这对于一个非市场主流厂商出品的零食产品,是非常好的表现。

第二,城市中产阶级:如果给中产阶级一个宽泛的定义①,约40%的中国城市家庭都已经是广义上的中产阶级;他们是城市的消费主力军。这些家庭对产品的追求已经进入对具有中产阶级符号的生活方式的追求。比如,选择巧克力时,他们更倾向去独立专营店购买,他们的收入水平支持他们体验那里的优质服务,艺术的陈列,精美的包装,以及细腻的口感;其中歌帝梵在中产阶级的购买倾向性指数达到了150。再如,水是最基本满足人日常生活需求的品类,气泡水以及高端饮用水这些东渐的风潮也在影响着中国中产阶级的消费行为——依云矿泉水在2017年上半年达到了29%的消费增长。

第三,年轻人:年轻的千禧一代消费的不仅是产品的本身,也是

---

① 月收入大于9000元人民币的城市家庭。

产品营销的娱乐化和社交化。这里通过两个例子来说明品牌通过把握年轻人娱乐化与社交化的需求特点达到进一步增长或寻找到品类新的增长点。

百雀羚，是中国美妆品牌中触及消费者最多的品牌，近年一直尝试走品牌年轻化道路，从2016年的鬼畜广告"四美不开心"开始到今年的"月光宝盒"广告，获得了大量的曝光和赞誉，也在不断刷新大众对"国民老品牌"的认知。须知这个品牌已经有86年的历史，但年轻人却对它毫无违和感。此外，江小白是在白酒这个传统的品类中和年轻消费者建立深度情感共鸣的品牌。对于不同的青年人群，它也有不同的语言包装，而那些语言，直击心底的那份深藏的脆弱，也能有一句话适合现在的心情。这些金句又能迅速地通过社交媒体进行传播，让更多的人知道这个品牌。与品类对比，年轻无小孩家庭购买江小白的倾向性指数达到了145。

人、货、场的"人"这个部分给零售商或者是厂商的启发总结成一句话则是：取悦于人，更要有鲜明的品牌主张。传统的野蛮增长如今显然已经不适用，如今不仅要知道消费者是谁，也要告诉消费者我们是谁。

三、货：科技和体验为产品赋能

相对应人的部分之三大诉求，货的部分也有三大特点：护我周全，省我时间，让我开心。消费者有了健康安全的诉求，带有抗敏感，抗污染或强调原料，有产地背书的产品就得到了发展机会；有了方便简单的诉求，可以节约步骤，人群细分更清楚，即食即饮的产品就更受消费者青睐；有了幸福快乐的诉求，提供技术革新，高端化，年轻化，甚至是应季体验的品牌就把握了消费者的脉搏。

本部分会对满足消费者幸福快乐诉求的"科技"与"体验"赋能进行深入探讨。

从过去到未来，消费者对于性价比的追求就一直没有变过。但在新零售时代，科技和体验为产品的赋能将为品牌插上翅膀，从更深层面改变竞争的格局。2017年上半年，我们观察到进口产品的增速明显放缓（由两位数增长变为个位数增长），而其中日本和韩国进口产品对这一趋势有很大的影响：韩国进口产品2016年上半年达到了42%的猛烈增长，而2017年上半年增幅跌破6%；日本进口产品也由36%的增幅收紧到14%。2017年由于一些众所周知的原因，特别是韩国的化妆品在中国市场遭受了极大的阻力，销售业绩也受到了重创；而日本则更集中在食品大类——这给在中国经营的国际品牌以及中国本土品牌带来了机会。

在中国运营的很多国际品牌在最近一年的销售趋势其实有所恢复。无论是跟消费者接触次数，还是他们购物篮金额都有所提升，表现了较为明显的恢复性增长。这些公司也越来越重视利用黑科技来对新产品进行加持。例如宝洁旗下的飘柔推出了微米净透系列，通过微米卸妆科技，带给消费者更好的无硅油产品体验。2017年5月两万个"奥利奥定制音乐盒"在天猫官方旗舰店两小时售罄，震惊全行业。"有趣"是奥利奥一个很重要的品牌特点，"奥利奥定制音乐盒"通过产品体验，激发消费者的想象力和社交传播（这款定制音乐盒必须由奥利奥饼干启动，不同形状的奥利奥会启动不同的音乐），真正让奥利奥"有趣"的产品形象落地，再也不是口说无凭。同时，这也是一个国际品牌以电商平台为主基地，用创意周边带动高效的购买转化的好案例。

过去三年中国品牌和国际品牌的价格差距已经变得越来越小。很多中国品牌在消费升级的大潮中都通过品类扩展进入高端产品的领域或者是增强产品体验，提升了品牌的价值。

福建的达利借力甄好曲奇进入饼干高端细分，帮助达利饼干的购物篮增长了13%。香飘飘这个能绕地球一圈的冲泡奶茶品牌，2017年6月推出了它的高端即饮牛乳茶品牌Meco——从粉末状的冲泡奶茶到Meco这个以澳洲牛奶和印度红茶做原料的牛乳即饮茶，每一杯的单价提高了约两倍。而农夫山泉，作为包装水中的平价领导品牌，最近推出的网易云音乐包装也赚足了眼球。此次网易云音乐精选了 30 条用户乐评，印制在 4 亿瓶农夫山泉饮用天然水瓶身，这一举动赋予喝水这个普通场景以情感魅力，与粉丝建立情感，刷爆了社交媒体。"产品走心"这样的评语比比皆是，甚至有的消费者评价农夫山泉喝下去的是水，而流出来的是泪。这个跨界包装为消费者增加了购买农夫山泉的一个理由，增加了品牌价值，从而帮助品牌走出价格战。

人、货、场的"货"这个部分给零售商或者是厂商的启发总结成一句话则是：今天做新产品，品牌必须要给消费者一个拔草的理由，让消费者真正愿意尝试和推荐我们的产品。

四、场：线下线上无边界，激活触发购买的使用场景

2012 年末的时候马云与王健林曾经打过一个价值亿元的赌：十年之后电商在零售行业的占比是否能过半。马云的观点是电商会基本取代传统零售；而王健林则认为不会。今年是 2017 年，距离这个亿元赌局刚刚五年，把当年的赌局拿到当下看，似乎已经有点过时之感。线上与线下的争斗至少在中国已经不是一个热门的议题：新的零售方式——新零售就是模糊了线上线下边界的一种零售概念。今天，消费者在商场里逛街，就可以通过相关的 APP 实时了解左侧的店铺是否有折扣，前面的店铺是否刚刚上新，最后在 APP 上领券再在实体店购买；在这个购买过程中，线上与线下是联动的，很难单纯定义到底是线上还是线下，两者缺一不可。所以本文"场"的部分并不会着墨于线上线下的分歧，而是探讨最终如何激发购买场景与使用场景，为零售提供新增量。

基于之前对于"人"诉求的讨论，智能化、即时化与场景化成为零售的新关键词。智能化指的是 AR 淘宝、电子价签和无人淘宝这些由于科技发展才成为可能的新方式；即时化指的则是能即时满足消费者

需求的手机支付，小渠道，户外消费或者O2O服务；场景化则指品牌体验店，Pop-up店，或者是卖场+餐饮这种新的零售方式——将使用场景在消费者眼前具象化，零售的不仅是产品本身，还有使用的时刻。

奶茶店、电影院、便利超市已经成为消费的新风口，现在消费者的生活娱乐方式使得这些场合成为产生销售增量的新机会。拿电影院举例，由于电影院渠道下沉，看电影成为越来越稀松平常的一个场景；那么看电影作为一个场景是厂商的一个机会点——如果能够覆盖这个场景，对于厂商自身而言，增长便会是纯增长，因为不会产生因为电影场景增长对自身品牌产生蚕食。所以，洞察新的使用场景，对于厂商和零售商是重中之重，因为可以激发新的购买机会。

凯度消费者指数2017年进行的一项食品使用样组研究显示，坚果和饼干是下午茶最受欢迎的产品，占下午茶使用场景的42%。可是目前我们看到的大多APP或者零售店的货架都是按照品类陈列。如果在零售店中的货架陈列或手机APP中的定时推送可以按照下午茶的场景进行激活，将可能创造新的购买。

而作为膜拜新零售圣地的盒马鲜生，从2016年开设第一家店到2017年8月一共开设了13家店铺。店铺通过门店环境体验+商品体验+餐饮体验+到家体验+粉丝互动情感体验，满足顾客的多维体验需求。里面经营的一些高档海鲜如波士顿龙虾以及精致包装的即食产品，还由络绎不绝的客流引发了消费者的社交传播。

人货场的"场"这个部分给零售商或者是厂商的启发总结成一句话则是：消费需要营造消费者需要晒的购物体验。

最后，我们认为在新零售时代品牌可以通过下面三点来激发新的增长机会：

第一，满足消费者新的生活方式和情感诉求毫无争议的是新零售的核心；

第二，线上线下必将融为一体，不可分割，而抓住新的使用时机，激活消费者的购买才是最重要的。

第三，我们应真正思考如何在场景化/智能化/即时化的赋能下，通过营造消费者愿意分享的体验，创造增量和提升品牌价值。

（本文作者：虞坚，凯度消费者指数大中华区总经理、CTR 媒体融合研究院执行副院长；栾奕，凯度消费者指数）

1.2 中国城市居民生活形态与消费的变迁

过去的一年，网红、网络直播、VR、人工智能等热词频现，媒介在互联网时代的大背景下仍在不断演绎新的形态。而在媒介环境日新月异变化的同时，人们的生活形态与消费行为也在随之变化，新的消费通路在全新的传播模式下，消费者行为呈现出新的发展趋势。纵览2016年的消费者市场，贯穿全年的一个词就是"消费升级"。提及消费升级，对于诸多的企业营销人员已然不再陌生，但消费升级的动因是什么？中国当前的消费升级有哪些表现？同时消费升级后，新的消费者呈现哪些特征？这些都需要我们深入探讨。

一、消费升级的动因

随着中国经济的快速发展，中国城市居民的收入水平和消费能力均呈现大幅提升。2015年，中国的人均GDP突破8000美元，人均GDP达到8000美元意味着一个国家平均财富和人均可支配收入到了一个新的高度，消费者的选择性和高品质消费需求会同步增加，消费的升级现象初步显现。如果说2015年是消费升级时代的开启，那么2016年则是"消费升级"实现全面爆发的一年。"消费升级"无疑是2016年的热词，无论是在产品还是服务领域，无论是生活日用品，还是耐用消费品,"消费升级"的概念都已经向各行各业全面渗透。从产品端来看,各种商品或服务在营销上都冠以了"高端"、"品质"、"升级"等字眼,健康理念、高端休闲理念、智能科技理念层出不穷;而在渠道端,小红书、网易考拉、洋码头等主打中高端人群的消费平台也崭露头角。

经济的发展,人们生活水平的改善,也潜移默化地改变着消费者的生活观念和价值观,消费的升级离不开消费者生活观念的变化。央视市场研究中国城市居民调查(CNRS – TGI)2016年的数据显示,"注重品质"、"讲求效率"的生活观念已经深入消费者心中。与2014年相比,消费者在对"凡是能节省我时间的东西,多花点钱也值得"以及"即使价格贵一点,我也愿意购买高品质的商品"语句的态度上有明显的提升,消费者相比以前更加注重购物的效率,同时更加注重商品的品质,单纯为了价格的优惠而花费大量时间去货比三家的情况在减少(见图1 – 2 – 1)。

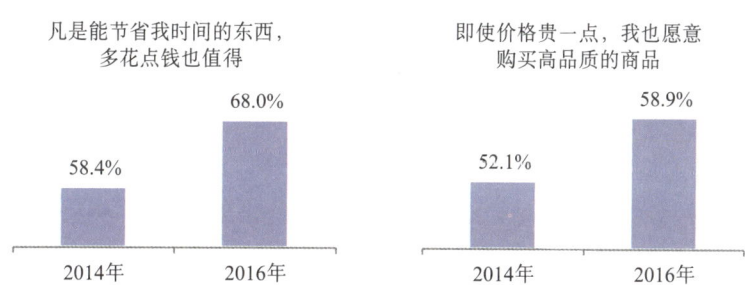

图1 – 2 – 1　消费者消费观念的变化——更加注重品质

数据来源:CNRS – TGI中国城市居民调查2014年、2016年。

二、中国消费升级的三层表现

1. 以衣食住行为代表的基础型消费的升级

"衣、食、住、行"等日常生活的消费升级已然屡见不鲜,互联网的快速发展不仅丰富了人们的生活,也在很大程度上提高了生活的便捷性,节省了人们的时间,使"消费升级"从意识层面落实到了具体行动中。淘宝、京东、天猫、苏宁等电商平台如今已经成为消费者熟知并常用的网络购物平台,各类服装鞋帽日用品等琳琅满目、随意挑选。美团外卖、百度外卖等外卖平台以及各种生鲜配送,足不出户就随点随享各种美食。滴滴、优步、神州等打车软件,借用网络系统,打造完善的网约车体系,极大地提高了人们的出行效率;更有途牛、携程、去哪儿、艺龙等服务平台,提供外出旅行服务、酒店预订服务、信息服务、机票/火车票服务等,丰富了消费者的旅行体验。河狸家、58到家、e袋洗等各种到家服务平台,使得互联网消费逐步进入到城市家庭,以便捷和周到的服务促进人们享受生活。

CNRS-TGI 2016年的数据显示:过去一个月城市居民使用过O2O服务的人群比例达到62.7%,其中餐饮、出行、票务居前三位,比例分别是22.5%、11.4%和6.7%。而餐饮外卖行业的快速发展,以至于年初的新闻报道中提及,快递员开始大量转做外卖快送,从而导致快递人员急剧短缺,其火热程度可见一斑。此外在生活出行方面,CNRS-TGI 2016年的数据显示,过去四周使用过软件打车服务的比例达到33.3%。由此可见,在衣食住行等基础性消费方面,人们开始更多地关注效率和便捷性,依托互联网资源,以此来实现生活品质的提升,各方面逐渐升级以"享受今天"(见图1-2-2)。

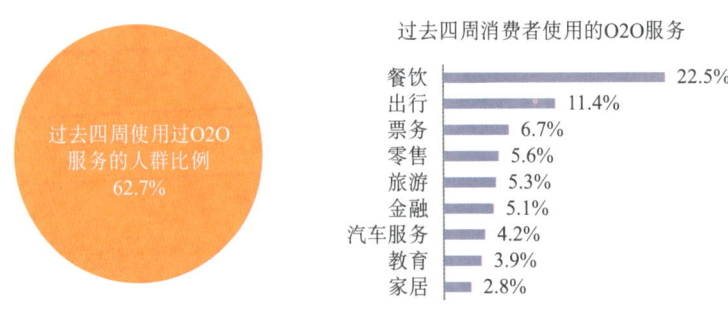

图1-2-2 消费者使用O2O的情况

数据来源:CNRS-TGI中国城市居民调查2016年1—12月。

2. 以休闲娱乐为代表的享受型服务的升级

休闲娱乐消费的升级是消费行为升级的另一个重要表现,随着时间更加碎片化,人们在闲暇时参加各类休闲娱乐活动,无疑增加了生活中的小确幸,充实生活的同时也使得全身心得到放松和愉悦。休闲娱乐等享受型服务的升级主要体现为几个方向:首先是健康化,数据显示,2016年消费者去健身房健身的比例较2014年呈现明显的增长,2014年每月至少去一次健身房健身的比例为15.2%,而到了2016年这个比例达到32.3%,翻了一番。可见消费者在休闲时更加倾向选择健康的生活方式,对于健康的关注程度空前的提高。

其次是体验感,无论是当前火爆程度一时无两的VR,还是消费者在电影院享受巨幅屏幕带来的超强视觉体验,这都说明消费者在休闲娱乐消费过程中对体验感要求的提高。2012年以前,节假日消费者的娱乐休闲方式KTV是重要的休闲方式,人们往往通过KTV放歌实现减缓压力拓展社交的目的,而到了2016年,去电影院则成了仅次于去商场、去餐厅的排名前三的娱乐休闲方式,电影大屏带来的视觉体验是手机、PAD等小屏无法比拟的(见图1-2-3)。

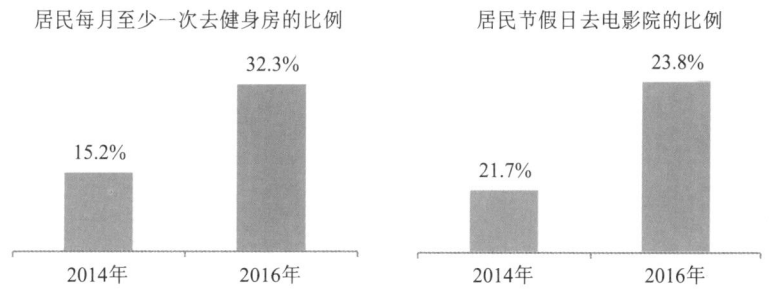

图1-2-3 居民参与休闲健身的比例增长

数据来源:CNRS-TGI中国城市居民调查2014年、2016年。

3. 以定制产品和服务为代表的消费模式的升级

随着消费者的需求层次不断提高,消费者开始注重购买产品和服务过程中定制化的精神享受,"私人定制"服务应运而生。这种服务方式,以亲自体验的过程和定制化的效果,成为消费者"休闲服务升级"

的又一重要表现。中国商务人士调查 CBES 数据显示：60.4% 的商务人士有过定制化的消费，如定制服装、定制私人旅游等。定制服装时，消费者可以参与服装的设计、细节调整等环节，享受了裁剪、缝制等的乐趣，也在量体裁衣中展现自己的独特个性；定制私人旅行时，消费者可以根据自己的时间安排和旅行喜好，有重点、有选择性地定制具体旅游时间和游玩线路，使整个行程更加符合自己心意，也提高了旅游的幸福指数。在定制旅游方面，在过去一年有过定制服务的商务人士中，定制旅游的比例2016年达到30.3%，相比2015年的23.2%提升了7个百分点。

三、消费升级下新消费人群的典型特征

1. 年轻人群是消费升级的主力

此次的消费升级，一方面是经济发展到一定阶段，人们生活方式和生活观念向品质化转移的结果，但同时也是伴随着80、90后人群开始成为消费主力军，以80、90后为主体的"新新中产"生活方式和生活观念推动的直接体现。CNRS – TGI 2016年的数据显示：在个人收入和支出方面，年轻人群相比总体人群和中年人群都呈现明显的优势，80、90后年轻人群月度支出占收入的比重达到25%，是各类人群中最高的（见表1-2-1）。

表1-2-1　　　　　　居民个人月收入和支出的变化

收入与支出	总体人群	年轻人群	中年人群
个人月均收入（元）	5980	6633	6152
个人月均消费支出（元）	1277.8	1673.7	1088.6
月支出/月收入（%）	21	25	18

注：个人月均消费支出主要指个人主要生活用品支出，包括护肤、化妆、手机通讯、上网、衣服、鞋（不含运动鞋）；年轻人群：16—25岁、26—35岁的80、90后人群，中年人群：36—55岁的人群。

数据来源：CNRS – TGI 中国城市居民调查2016年1—12月。

此外，相比中年人群，年轻人群更加愿意去尝试购买那些刚刚上市的新产品，对于品牌而言，年轻人群无疑能在新产品推广中起到更多积极的作用，并且对于互联网的营销方式接受度也更高，所以新的消费潮流通常是由他们所带动。从数据上可以看到，年轻人群在对"我往往是最早购买新产品的人"语句的认同程度上，比例明显高于中年人群，同时在对"我经常注意到移动应用上的广告"的认同比例上也是所有人群中最高（见图1－2－4）。

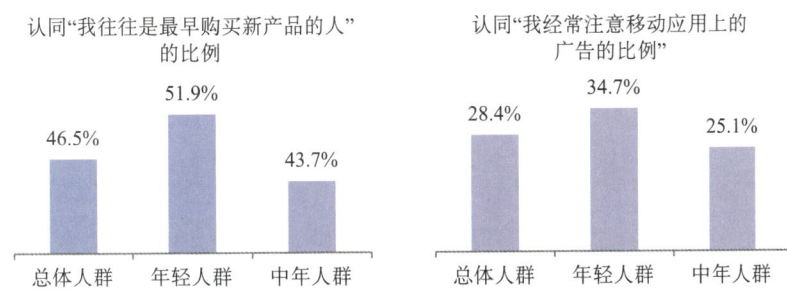

图1－2－4　不同人群对新产品和广告的关注差异

数据来源：CNRS－TGI中国城市居民调查2016年。

80、90后年轻人群作为消费升级下新消费者的中坚力量，他们呈现出哪些典型的特征呢？

2. 追求精致的生活，时尚至上

年轻人群对美好事物的追求有着天然的热度，不仅是自身，而且对于其所钟爱的产品，设计感、时尚度是他们决定取舍的重要考量。年轻一代对于产品/服务的要求将不再仅仅停留在实用性上的品质，会对审美上的品质有更多要求，从品质向精致的演进将是年轻人群当下的生活主张。CNRS－TGI的数据显示：年轻人群在对"宁可节省其他开支，也不在护肤品上省钱"、"不化妆不出门"、"我喜欢追赶时尚"以及"我愿意做整容来改善我身体的一些小缺陷"语句的认同上，倾向性指数都明显高于人群总体，显现较强的倾向性。

年轻人群对以下生活形态语句的认同系数见图1－2－5。

图1-2-5 年轻群体的消费价值主张

数据来源：CNRS-TGI中国城市居民调查2016年。

以智能手机产品为例，众所周知，苹果手机深受年轻群体的喜爱，但苹果产品为什么能俘获年轻人群的心，其原因正是苹果手机极致的设计感、极致的时尚感以及极致的用户体验。在当前消费升级的时代，如何让产品具有时尚度、如何满足消费者对美的追求开始变得尤为重要。相信近几年我们对于OPPO手机都不会陌生，主打时尚和拍照，2016年6月份实现销量超700万台的OPPO R9成了2016年上半年最火的国产手机，每1.1秒卖掉一部，更是打破了当年华为Mate 7的国产手机销售记录。同时，OPPO的强势表现不仅是在国内，已经蔓延到了国外。据外媒报道，2016年8月份，OPPO在印度的销售额首次超过苹果，成为当地第二大品牌。

OPPO的成功其实值得营销者去仔细思考。在中国OPPO手机的主要销量是在低线城市，在低线城市年轻人群中具有极高的知名度。在OPPO R9s正式发布之后，新机的宣传语从以前朗朗上口的"充电五分钟，通话两小时"变为"这一刻，更清晰"，可见"让消费者更美"已经成为产品的核心诉求。同样是手机，在不同的细分市场取得了成功，我们可以看到，背后支撑的逻辑何其相似，时尚、设计感在这两个品牌上都得到了很好的诠释。在CNRS-TGI 2016年的手机消费数据中也可以看到，苹果和OPPO对于年轻人群的把握非常出色，相比三星手机，苹果和OPPO对于年轻人群的覆盖率更高（见图1-2-6）。

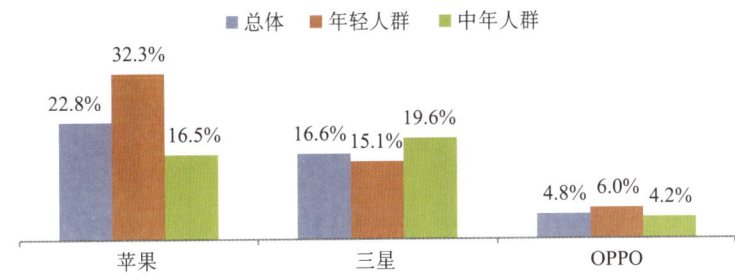

图1-2-6 不同年龄人群的手机品牌渗透率

数据来源：CNRS-TGI 中国城市居民调查2016年。

3. 寻求情感的认同，彰显个性

随着消费观念的升级，用户需求个性化和多元化的趋势正在加强，对于年轻人群而言，开始更加关注于消费品牌的质感和情感认同。面对功能越来越同质化的商品和服务，那些带着"温度"和"情怀"的，能在情感上与之产生"共鸣"的品牌，则更能获得他们青睐。工匠精神、消费情怀是近年来频繁涌现出来的字眼。

除了情感的认同，年轻人群对于品牌有自己独特的理解，他们希望自己选择的品牌具有原创性与独特性，而非仅仅是表面知名度的高低。那些特立独行的品牌，即使很小众，也能成功俘获年轻人的心。CNRS-TGI 2016年的数据显示，年轻人群在对"我欣赏那些有想象力的特立独行的品牌"、"我很乐意多花钱购买那些原创和独一无二的品牌"这些语句的认同上，倾向性非常明显（见图1-2-7）。

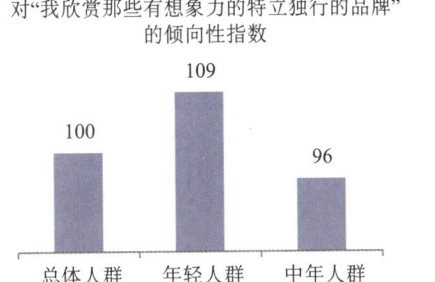

图1-2-7 年轻人群对品牌的情感认同

数据来源：CNRS-TGI 中国城市居民调查2016年。

以汽车消费为例，2011年以前轿车的销量增长率每年保持两位数，而2011年后则回落到10%以下，最近三年则保持在5%左右。但反观SUV/越野车市场，销量增长率则呈现持续走高的态势，每年均保持在30%以上。从CNRS–TGI数据中关于居民预购越野车的意愿也可以看到，居民对于SUV/越野车的预购意愿呈现快速的增长态势，在汽车预购人群中，2011年预购越野车的比例仅为15.2%，而2016年则达到40.6%。同时居民对于"汽车能表现自身个性和品位"的认同程度呈上升趋势，可见消费者对于越野车/SUV的青睐，除了满足于越野车的操纵感和驾驭感之外，也是对自身个性的释放，自我价值的实现的很好诠释（见图1–2–8）。

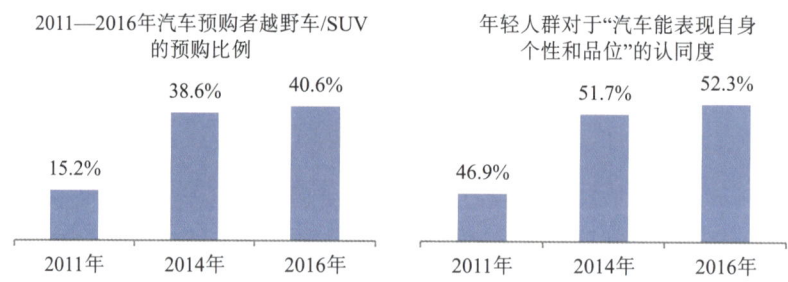

图1–2–8　居民对SUV/越野车的预购比例和个性化意愿

数据来源：CNRS–TGI中国城市居民调查2011年、2014年、2016年。

4. 引领健康的生活方式，享受当下

新的消费人群对于健康生活方式的追逐是驱动消费升级的另一动因，他们对于生活的主张是更自然、更健康，活在当下。年轻人群无论是在生活理念上还是实际的消费行动上，处处都诠释着他们健康生活的理念。CNRS–TGI的数据看到，年轻人群在对"我更喜欢含有天然提取元素的护肤品/化妆品"以及"即使身体健康，我也会定期体检"的认同比例上都明显高于总体和中年人群，他们有着更积极的健康观念（见图1–2–9）。

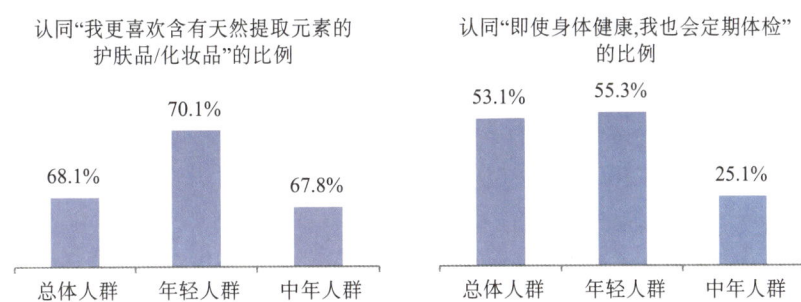

图1-2-9 不同年龄人群的健康理念

数据来源：CNRS-TGI中国城市居民调查2016年。

以空气净化器和净水器产品为例，众所周知，空气与水是人们生存最重要的资源，而2016年蔓延全国的雾霾污染曾经一度成为舆论的焦点，环境问题成为困扰大家生活的重要问题。也正是基于此，曾一度掀起空气净化器的购买狂潮，CNRS-TGI的数据显示：年轻人群是空气净化器、净水器的购买主力，年轻人群的拥有指数明显高于其他群体（见图1-2-10）。

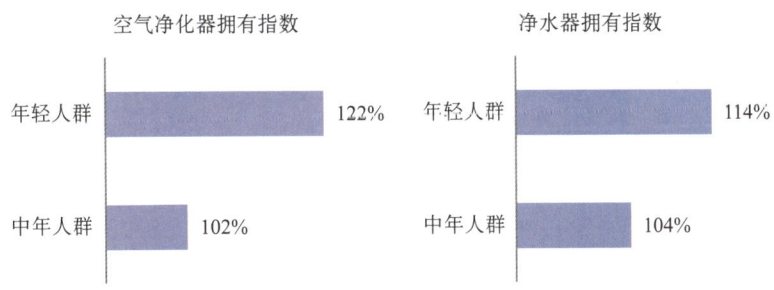

图1-2-10 不同年龄人群对空气净化器和净水器的拥有指数

数据来源：CNRS-TGI中国城市居民调查2016年。

四、结语

当我们回过头去重新审视当今的媒介环境时，就会发现2015年我们还在讨论移动互联网，2016年就已经演变为网红、网络直播、VR

等,互联网正在以不可思议的速度飞速进化。而与此同时,互联网的商业模式也在加速变革。曾经的营销领域铺天盖地的是"互联网思维"、"O2O"、"互联网+",而2016年则是无处不在的"消费升级"。

从品牌到品质,从品质到精致,消费者对产品服务、客户体验的期待正在发生本质改变。2016年的风口是消费升级,在消费升级的风口下,只有认清新消费者的生活形态变迁,才能精准地捕捉他们的需求,而只有对当前的媒介环境有清晰的认知,才能更好地与新消费者进行有效沟通。

当互联网打通了流通渠道和传播路径之后,接下来的就是产品品质和传播内容在回归中的升级。消费和传播升级风口来袭,我们准备好了吗?

(作者:刘勇,CTR媒介与消费行为研究)

1.3
品牌如何在变幻莫测的环境下实现增长

即使是在动荡不定、挑战重重的时期,品牌增长的关键也同样在于赢得更多购买者、提高购买频次。品牌若能灵活应对、迅速反应,依然能找到吸引更多购物者、扩大市场份额的办法。

本文的核心主题是购物者的选择。作为洞察专家,理解消费者在决定性时刻做出的决策(无论是线上还是线下),都是我们准确勾勒全球快消品市场形势的关键所在。本文探讨的根本问题就是"颠覆"。这不仅关乎当今的政治经济形势,更关系到大量涌现、打破现状的颠覆性品牌和趋势。

凯度消费者指数的"品牌足迹"是对全球43个市场的消费者最常选择且增长最快的快速消费品品牌开展的一项全面调查。调查报告全面剖析了影响购买行为的关键消费者趋势,以新颖的视角解读最成功的快速消费品品牌的制胜战略。除了对全球及当地50强品牌的排名和分析外,我们还会审视过去一年中一些最突出的趋势,从建立消费者与产品之间的联系和品类聚焦两个方面探究制造商和零售商将如何应对挑战以及随之而来的机遇。

一、在消费者与产品之间建立联系

可见度和易得性对品牌选择至关重要。"我能买到吗"和"我能看到吗"一般是两大重要因素,决定着品牌产品能否进入消费者的购物篮。

1. 物有所值

十几年前,折扣店不过是商品售价较低、库存有限的商店,价值份额仅占5.2%。而在2016年,其份额已增至7.8%。这一趋势仍在持续,甚至在经济健康发展的市场也不例外,且毫无放缓的迹象。

然而,折扣店在战略方面已出现分化。譬如,在欧美地区,一些折扣店正在转向高端路线:在改善购物体验的同时提供更优质的自有产品、采取强势的价格战略。为此,它们大举投资媒体宣传,以改变消费者对店内生鲜产品品质的看法。

而在拉丁美洲,消费者最看重的依然是产品的性价比,因此也格外容易被低价所吸引。怀着这种心态,即使购物体验可能会比较差,但一旦步入商店,他们会自动进入"寻找特价商品模式",其行为就会随之改变。这时,人们不再关注产品质量或吸引力,而是喜欢去寻找适合自己而又价格合理的产品,因为这种购物方式的好处就在于省钱。

在哥伦比亚,2016年对这一销售渠道而言显然是"丰收之年"。折扣店不断壮大,渗透率和价值显著增长。

2. 便捷

就近零售正在全球范围飞速发展,因为它为消费者带来了很大的便利——2016年,就近零售在全球零售市场上所占的份额为6%。在中国,80%的购物者出于方便考虑,选择在家附近或通勤途中的商店购物。在英国,Tesco Express、Little Waitrose等微型商店发展迅速。类似的,法国的家乐福也效仿外来品牌,推出Carrefour Express和Carrefour City微型商店。墨西哥的Oxxo是一家成功的微型零售商,平均每天就有一家门店开张。在哥伦比亚，街头商店一直是该国的主要零售渠道之一，如今仍然保持着良好的发展势头。为了优化预算，家家户户都在同时利用传统和新兴渠道购物。

小型商店在一些亚洲市场也开始出现。这些小型市场规模介于便利店和超市之间，商品种类不是很多，但售价极具竞争力。

即便是在最近一直被视为传统贸易中心的越南，也出现了小型商店的繁荣景象，以满足人们对就近零售的旺盛需求。2016年，超过三分之一的越南家庭都在小型商店买过快消品，年均到店次数达到10次。

3. 大型零售模式逐渐衰落

相比之下，大型商店则处境艰难。这些商店根本无法满足消费者的新需求。起初以"大量进货，低价销售"的主张而闻名的乐购如今却主要靠两种新业态 Express 和 Metro 在英国以外的市场取得了成功。这些业态适合泰国这样的国家，因为它们能满足消费者对便利性、易得性和性价比的普遍诉求。

为避免衰落，沃尔玛开展了一项有趣的活动，公司主动与中国电商京东商城联手，推出一系列线上商店服务。

这些线上商店服务包括：第一，与京东商城达成战略合作，中国消费者购买美国会员制的批发连锁店——山姆会员店（Sam's Club）的优质产品后，可直接选用当日达、次日达配送服务。第二，为部分城市地区的沃尔玛客户提供2小时生鲜到家服务；满足消费者对进口商品的需求。第三，沃尔玛全球（Walmart Global）店将其在别国市场上销售的产品引入中国，并由京东最后一公里物流网络通过其快速的送货上门服务提供给消费者。

制造商须明智地应对这一趋势。品类抉择需根据零售环境做相应的调整，是精而小，还是像面对电商通路零售环境，选择扩大延伸。零售环境对于保持易得性、可见性和竞争力至关重要。

4. 技术飞跃

技术发展极大地改变了我们购物的时间、地点和方式。

2016年开业的Amazon Go无人便利店彻底颠覆了店内购物体验。该店推出了名为"拿了就走"的技术，无须人工服务或结账，消费者从货架上拿走商品后，系统会自动从他们的亚马逊账户上扣款。

（1）让电商通路发挥作用

面对零售环境的缩小或放大（比如电商通路），关键是要正确划定产品的品种范围，以便保持品牌的易得性、可见度和竞争力。

电商通路也极大改变了人们的购物方式。2016年，该渠道在全球实现了26%的销额增长。经济确定性不一定是电商通路发展的指标。在印度、非洲等发展中国家市场，技术进步更为迅速，许多人初次上网用的都是智能手机。

在中国，移动电商通路发挥了巨大作用，不仅是在快消领域，对所有消费品都是如此。80%的线上销售是通过移动设备完成的。购物者如今可以在程序内付款，甚至还能使用人眼识别技术。

淘宝的一项功能是，在发现中意的产品后，只要启用摄像拍张照，几秒钟后就能看到可供购买的产品列表。

在中国，天猫、京东等电商通路零售商近年来通过不断丰富产品类别、扩大产品范围拉动了访问量，实现了蓬勃发展。过去一年间，电商通路渠道吸引了55%的城市家庭购买快消品，增长率远超所有实体渠道。每次网购促销活动（其中最明显的便是"双十一"）都进一步推动了电商通路的渗透率。目前，由于大卖场和超市等现代零售渠道的增长前景不甚乐观，所有快消公司都试图通过线上商店吸引更多的购买者。凯度消费者指数预计，到2025年中国线上快消品市场规模将达360亿美元，销售份额增至15%（见图1-3-1）。

与中国不同的是，根据凯度消费者指数预计，到2025年，拉美市场电商通路占比仅能达到3%。发展的主要制约是文化因素：当地人更喜欢先看到、摸到实物再购买，而且更愿意听取销售人员的建议。

O2O（线上到线下）模式成为零售业的新常态，许多消费者使用电子设备完成购物体验。为了在这种新的零售格局下取得成功，制造

第1编 中国消费市场趋势

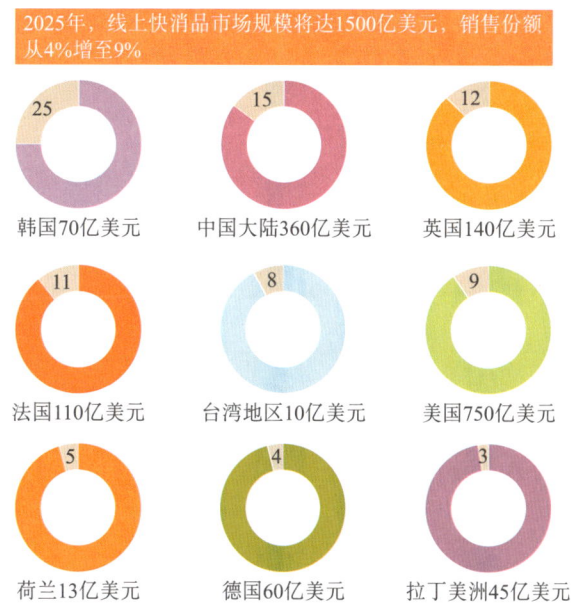

图1-3-1 2025年线上快消品市场规模将达1500亿美元

数据来源：凯度消费者指数预测。

商需整合线上和线下战略，帮助消费者作出明智的决定，并为购物体验的各个环节增加价值，不论这一体验发生在何时何地。

时尚杂志《嘉人 Marie Claire》与美妆产品线上零售商 Fabled 合作，在伦敦牛津街购物区开设奢侈品店。店内每张化妆台均配备数字显示屏，主打产品是由《嘉人 Marie Claire》各个美妆编辑推荐的"编辑之选"（The Edit）系列。除了配备知识丰富的销售助理以及采取数字化整合商务模式之外，该店还与 Ocado 快递公司合作，承诺所有选购商品都能次日送达。

（2）社交商务

顾客购物流程很重要，对于那些试图刺激冲动性购买的品牌尤其如此。

在亚洲，社交媒体发展方式不同。微信、微博等平台并不类似 Facebook 和 Twitter 一类的媒体型公司。它们采取的社交模式是建立在一种文化习惯之上,因为这些品牌已成为人们沟通交往的一部分,而不是一种干扰。

多数亚洲消费者会根据推荐和宣传作出购买决策。

这要求品牌采取与以往截然不同的方法来开展市场营销、讲述品牌故事。品牌故事如果讲得精彩,无须成本便可通过社交媒体广泛传播。这对进军东方市场的西方品牌也是个警示——人们不再信任营销刺激或推送式广告战略,尤其是在移动平台上。

(3)订阅市场:直接面向消费者

品牌面临的最大机遇或许就是消费者直销模式的兴起。

在亚洲的美容市场,直销渠道长期占据统治地位。在中国、韩国和日本这些美容业发达的市场,该渠道仍在稳步发展。

如今,随着订阅市场兴起,直销模式不再是单纯的物流工具,而是逐渐演变为一种营销渠道。美妆专家会演示化妆方法,并建议消费者定制合适的产品,所有产品都会每周,或一些情况下,每天寄送上门。

那么,曾经是现代零售模式"保留地"的品类情况又如何呢?2016年联合利华收购电商 Dollar Shave Club 的举动就足以证明直销渠道来势何等迅猛。这就给许多专门生产必需品(如剃须刀、卫生纸或女性护理产品)的制造商敲响了警钟,尤其是在基础设施高效而又廉价的发达市场。

对其他品牌而言,这是一个可供利用的机遇。

正如亚洲美妆零售店所展示的那样,直销渠道是营销与分销的交汇点,能带来丰厚的商业利益。

Scentbird 公司提供"每月轻松尝试新香水的有趣方法"。消费者在选择一系列设计师品牌香水并支付每月订阅费后,这些香水就会送货上门。不难看出这一全新的模式为何会引起品牌的浓厚兴趣。

美国 Nestle Ready Fresh 也采用了类似的模式。该品牌提供纯净水和饮料配送服务,产品包括多种软饮料、饮水机和配件。购买者只需选择下单的时间和频率,商品便可直接送货上门。

零售商间的地理或渠道界线正日渐模糊。在这样的环境下,购物者提出了更高的要求,如个性化、实时反应、简便或"零售剧院"等等。

制造商和零售商都须了解并满足消费者的新需求才能跟上市场潮流。

二、品类聚焦

(一)健康和美容

人们越来越担忧身体健康和安全问题。对空气污染和环境问题的忧虑为全球企业带来了增长机遇。

1. 追求健康

推动全球健康和美容市场的主要是更安全、更天然的产品,而不是对功效的片面追求;消费者积极追求健康和保健。这些趋势在两大品牌资产中表现明显:产品的天然配方和"抗污染、舒缓减压"的"保护"功能。

(1)保护

对美妆而言,2016年是品牌功能传播的转折点。过去的卖点是减少皱纹出现、增强肌肤弹性;而如今,尤其是在亚洲,宣传重点转向了产品的保护功能:构建肌肤屏障、增强对不利环境的免疫能力。雅诗兰黛、欧莱雅(全球CRP上升5%)等跨国公司纷纷推出排毒护理和防污染面膜。

(2)由内而外的美丽

凯度消费者指数中国研究发现,三分之二的消费者相信,只有身体健康才能造就美丽。67%的中国消费者更青睐天然配方的化妆品,55%的人想要养成更健康的饮食习惯。

同样,在美国,消费者也认为对保持美丽影响最大的就是生活方式。为了推广其 Active Naturals 燕麦保湿系列，艾维诺（Aveeno）邀请网红一边使用该产品，一边配合以蔬果为主的健康饮食。

韩国在美妆市场领先一步，这并不出人意料。该国对原料配方的注重如今更为突出。韩国人认为，产品只有获得环境工作小组（EWG）或其他类似的第三方组织认证，才会考虑购买。

2. 追求幸福和意义

健康和美容类别的发展趋势也深刻反映了文化因素。以情打动消费者并加强对社区的关切仍然是常用方法。品牌们正在探索其他竞争对手不能或不会触及的领域。

这一趋势在中国大陆市场最为明显。例如日本高端护肤品牌 SK-Ⅱ 发起了广告活动"最终她还是去了相亲角"（Marriage Market Takeover）。在上海，女性到了 27 岁仍然未婚会被贴上"剩女"的标签，常常被朋友和家人催婚。为此，SK-Ⅱ 制作了一个短片，旨在团结这一群体、消除偏见。目前该品牌在中国排行榜上虽未进入 100 强，但已十分接近，CRP 增长了 12%。

（1）为"我"定制

成功品牌纷纷打造为"我"定制的个性化产品。高端化是健康和美容业寻求发展的关键主题之一，大型制造商实现这一目的的主要手段就是收购。

联合利华最近收购了高档护发品牌 Living Proof，进一步壮大旗下的高端品牌阵容。目前，其产品组合中还有护肤品巨头德美思嘉（Dermalogica）和小众顶级身体护理品牌 REN，该品牌的产品 100% 由植物和矿物成分制成。

在菲律宾，口腔护理类专业产品（如美白和抗敏产品）增长迅速，在这一背景下，高端化策略大行其道。尽管主要品牌仍是高露洁（排名第5），但 Hapee（排名第22）等竞争对手也通过创新实现了持续增长。竹炭牙膏深受欢迎，并在整个类别中享有溢价优势。

（2）男性魅力

凌仕（Axe）称，男性和女性一样，也希望自由地展现自己。该品牌在德国的 CRP 增长了 3%，并且还推出了"Find Your Magic"广告活动，展示了一系列不同的男性身份、能力、性感和外表。

相对保守一些的是一家印度初创公司打出的"发掘男性美"（Make Beauty Manly）口号，它迎合了偷用女友化妆品或窘于购买化妆品的男性的需求。这家 Man Company 是规模中等的订阅制服务商，产品涵盖男性护发、护体、剃须和保湿面霜。

3. 追求便利

在成熟的美妆市场，女性更少化妆或选择更为自然的妆容。35%的英国女性表示，相较于前一年，她们在 2016 年化妆更少。整体而言，在西方追求自然妆容的趋势下，品牌 Perricone MD 的"No Make-up"（稍带遮瑕功能的保湿霜）这类产品大获成功。在东方，素颜霜大受追捧，这种润肤霜可迅速提亮肤色。

韩国消费者在不同的场合会采用不同的妆容：工作日一般比较自然，周末会比较特别。品牌针对这些特定情境，提供各类配方和形式的产品，比如"日用"、"夜用"和便携装产品。

（二）饮料

随着消费者口味不断变化、健康意识逐渐增强，品牌需要积极创新，以赢得更多购买者的选择。

1. 家内和在外饮料消费

在中国，商家针对年轻人推出新品茶饮。农夫山泉旗下的茶饮产品茶 π，是 2016 年渗透率增长最快的产品之一，在中国推出的 6 个月渗透率已达 9.4%。

与之不同的是，在英国，雀巢咖啡此前一直以家庭胶囊咖啡机多趣酷思（Dulce Gusto）及胶囊咖啡著称，如今又推出了雅尊咖啡品牌（Azera Coffee to Go），方便人们在家或工作场所做外带咖啡。

该品牌的溢价源于产品的可持续性和便利性因素，巧妙结合价格带——雅尊咖啡每杯 67 美分，而外卖咖啡平均每杯 1.69 美元。通过瞄准这一全新消费商机，雀巢咖啡吸引现有消费者增加购买，使该产品类别的销售额增长了 42%。

2. 缩小包装规格

在产品发展和包装方面，品牌不再"唯利是图"，而是采取更加坚定的道德立场。排行榜上的两大饮料巨头可口可乐和百事可乐公司最近走到了一起，共同商讨如何缩小包装规格、减少店内减价销售的问题。这符合了人们日益追求可持续包装和生产的大趋势。

调整包装规格连带产生了一个间接效应：差异化。2015 年，可口可乐在 2 升装之外又推出了 1.25 升装，还在 12 盎司罐装的基础上新推出 7.5 盎司罐装，拉动美国销量激增 9%。

3. 应对糖分抵制风潮

糖分成了媒体的众矢之的，这促使全球消费者纷纷开始寻求更健康的替代品。

能量饮料红牛在今年的榜单上位列第十五，CRP 上升了 3%。随着注重健康的千禧一代逐渐转向零卡饮料，该品牌也在相应调整经营重点。2016 年，红牛通过 Instagram 发布了一系列异国风味的零卡饮料，并在火车、自行车道、健身房这些不同的消费场合传递量身打造的品牌信息，以吸引年轻人的注意。

为满足不断变化的消费需求，百事可乐公司也推出了健康果汁品牌 Naked Juice。该系列有望成为百事可乐公司旗下的又一个"十亿美元级品牌"——并于 2016 年推出 Naked Cold Pressed 冷榨果汁。纯果乐推出 Tropicana Essentials Probiotics 益生菌果汁，打造首款将益生菌加入果汁的大众饮料。

然而健康并不是影响消费的唯一因素。在中国，受炎热天气减少的因素，冰镇碳酸饮料需求有所下滑。截至 2016 年 6 月末的一年间，城市家庭的购买频率下滑 7.6%，平均每户减少购买 1.7 次。

4. 拓宽思路

消费者面临的选择更为多样，因此饮酒习惯也在改变。"无酒精"

鸡尾酒吧的崛起和反酒宣传活动的发展对酒类消费产生负面作用：尤其是年轻人——即使在社交场合，他们也会选择更健康的饮料。2005到2013年间，英国滴酒不沾的16岁至24岁年轻人数量增加40%以上——在欧洲其他国家和美国也有相似的趋势。

这些人在打开冰箱时既有可能选择软饮料或水，也有可能选择啤酒或红酒。因此，品牌面临的往往不再是同一产品类别之内的竞争，而是要争取在各种消费时机下赢得消费者的选择。

5. 功能优势

品牌在去除一些添加成分的同时，也开始为此前与"健康"概念无缘的饮料增加功能优势。

英国的茶饮料制造商在产品中添加抹茶、维生素C和B12等成分，吸引追求健康的消费者，以拉动销售。T-plus是英国健康饮料市场的新晋品牌，它将维生素加入绿茶和花草茶中，每袋茶包提供的9种必需维生素占其每日推荐摄入量的50%。此举既迅速吸引了新客户，又成功实现了溢价。

同时，亨氏进军印度饮料行业，推出Power Sprouts强壮麦芽饮。这款多谷物饮料主要面向儿童，产品中添加了31种维生素。

榜首品牌可口可乐在比利时、法国、爱尔兰、荷兰和英国推出了无糖可乐，该款产品改良了零度可乐（Coke Zero）的配方，并更换品牌名。可口可乐还在日本推出芬达柠檬+C，其维C含量相当于80个柠檬。

（三）食品

全球各地的消费者对"入口之物"都越发重视和警惕，也更加深刻地认识到饮食选择对其生活方式和生活质量的影响。

1. 追求健康

前些年，我们看到食品行业在应对健康疑虑时采取的方法是减少配料成分：减少盐分、卡路里和脂肪。2016年的趋势则是添加成分。

增加蛋白质是最常用的方法：燕麦牛奶 Energen 风靡菲律宾家庭，在菲律宾食品排行榜上的名次上升了 5 位，现居第 11 位。这种小袋装产品可作为早餐、茶歇或夜宵，富含几乎各类维生素以及蛋白质、钙和叶酸。

在墨西哥，即使是毫不起眼的酸奶也无法在清饮食的大潮下独善其身。在该国渗透率达 93% 的食品品牌 Lala Semillas，鼓励消费者每天清晨用一杯含籽天然酸奶开启健康生活。

透明度仍是全球消费者的首要考虑：人们对过去一些大制造商曝出的丑闻依旧记忆犹新。

在亚洲，品牌不再尝试隐瞒，而是主动告诉购买者如何减少食品中的不良化学品，譬如煮过后再清洗可有效去除这些物质。

智利的生物科技公司 Not Company（NotCo）的宗旨是实现供应链透明化。该公司用人工智能算法分析并生产价格亲民的素食，完全模仿肉类食品的口感和口味。

2. 追求愉悦

抵制糖分风潮蔓延全球，不过，至少在政府层面上，这种抵制主要限于果汁和软饮料。

然而这并不意味着零食能免受健康生活潮流的冲击。在部分地区，人们更青睐坚果和爆米花这类较为健康的零食。对此，百事可乐公司在英国推出口味多样的 Popworks 爆米花，以满足人们对享受和健康的双重需求。

印度尼西亚制造商 Mayora 推出了"两用"甜品：Beng–Beng 巧克力棒——从橱柜里拿出是巧克力饼干，从冰箱里拿出就是冰激凌。无论是作为冰淇淋还是作为饼干，该产品都大获成功，2016 年其 CRP 增长 15%。

3. 追求便利

随着人们生活方式和口味的改变，日常三餐也在发生变化。城市化的推进导致了家庭规模的缩小，进而改变了人们的进餐时间；独自用餐的人也越来越多。

因此，人们越发需要分量合适的产品和包装，以及为"单身生活"正名的宣传推广活动，也更希望尝试迎合个性化口味的产品。譬如，亨氏凭借可蘸可挤的番茄酱小包装在中国大获成功。

在法国，随着新生活习惯的出现，饮食习惯发生了重大变化，人们外出就餐和购买快餐更为频繁；即使在家烹饪，也主要做主菜，开胃菜或甜点则做得比较少。

罐装食品零售商可以把便捷与健康理念完美融合，为消费者提供健康又方便的食品。

4. 增进联系

在亚洲，品牌对话已成为人们日常生活的一部分。电视文化对此发挥了很大作用。尤其是在印度尼西亚、泰国和中国，消费者不仅知道电视明星，还了解他们爱吃的零食、爱喝的咖啡和喜欢的泡面品牌。

法国媒体在电视、广播和报纸上大肆抨击食品问题，加速了消费者行为转变。这一趋势导致的品牌选择变化重创了某些类别产品：整体而言，法国人减少了对酒精、面包和动物制品（尤其是红肉）的消费。

最终，消费者会更加了解食品，要求整个食品供应链更加透明。他们关注食品的生产、包装和销售方式，积极寻求符合其价值观的公司。

（四）家居清洁

随着全球中产阶级的壮大以及发展中国家和地区基础设施的改善，品牌迎来了将其家庭清洁产品系列推向新市场、拓展新类别的绝佳机遇。

1. 增加使用场合

推广新的产品使用途径，或鼓励更为多样化的消费方式是快消品牌实现增长的有效手段。家庭清洁产品尤其如此，该品类的本土和国际品牌找到了富有创意的方法来增加多种场合下的产品使用频率。

Febreze 便是品牌开发新使用场合的成功范例。该产品原是宝洁旗下的织物清新剂,可用于鞋类、家具和衣物,现在又拓展了类别,即针对家中需要除味的房间(或轿车),强调"空气清新"功能。Febreze 持续增长,2016 年在全球家庭清洁排行榜上的排名上升了 1 位。

2. 社会责任

可持续性也是卖点。日益关切污染和环境问题,成为消费者选择品牌的重要考虑因素。在品牌林立的市场上,多数产品的效果并无差别,因此品牌正通过大力宣传企业责任理念来拉动购买。

产品价值不再仅取决于其配方或便利性,而是在购买时给人们带来的感受。

在英国,Persil 与 UNICEF 合作,推出"为明天学习(Learning for Tomorrow)"计划。Persil 和联合利华全球伙伴合作(Unilever Global Partnerships)为该计划捐赠了首笔资金 140 万美元,用于资助联合国在全球的教育项目,为巴西、印度和越南的 1000 万儿童提供优质的教育机会。该品牌目前在全球消费者选择最多的家庭清洁品牌排行榜上位列第 31 名。

滴露是榜单排名上升最快的品牌,其继续致力于传播卫生知识,现已跻身 50 强,居排行榜第 47 位。

3. 高端化

随着全球财富的积累,人们对产品品质的要求相应提高。购买家庭清洁产品以往一直是出于实际需求,这些产品是必需品而非奢侈品。如今,面对可支配收入的不断增加,商家纷纷开发更高端的产品,以顺应人们生活方式的转变。

在菲律宾,高端化策略正在洗涤产品市场上大行其道。

2016 年,碧浪推出多款高档洗涤产品,其中的 Swakto 结合了碧浪洗衣粉与宝洁旗下另一品牌 Downy 的产品特色,进一步增加了芳香成分。在菲律宾,该品牌的增速位居第三,CRP 增长 35%。

4. 保护自己和家人的安全

在中国和法国市场，越来越多的购物者开始追求那些不含危害环境和人体有害物质的产品。要想成功争取这些消费者，营销时就不能打出"过激"的口号或者作出"极端"的承诺。

在法国，制造商纷纷申请欧洲生态标志认证（European Ecolabel）。这是一个政府监管的认证体制，保证所有认证商品都是高品质的环保产品。

这一趋势为小型本土品牌创造了机遇，让它们能够利用规模小的优势，通过推出新型无毒产品颠覆市场。这类突破性品牌也许规模不大，但是增长迅速。

清洁品牌 Briochin 源自传统配方——醋和碳酸氢钠。该品牌凭借"爱护被清洁的表面"这一主张实现了溢价，仅 2016 年一年的增长幅度就高达 114%。

Ideal 旗下的 Sanytol 以不含漂白成分的配方著称，2016 年渗透率达 17.5%，在法国排行榜上的排名跃升了 10 位。在中国市场，清洁品牌好爸爸发展态势良好：CRP 增长 59%，排名上升 39 位。

对家庭和环境都不会造成污染的清洁产品正成为大势所趋，对品牌而言不容忽视。

三、结语

在同消费者与产品之间建立联系这一点上，可见度和易得性对品牌选择至关重要，而物有所值与便捷缺一不可，电商通路愈加发达这一点也愈加重要，同时企业也需直接面对消费者。而对于不同品类除了需要分类聚焦外，其共同点为人们越来越看重健康与产品的便利性，是否能将两者兼顾则是企业需要重点讨论的，当然，不同品类也需兼具其被消费者所希望的特性。在低增长、低通胀的今天，快消企业的定价能力微乎其微，消费者洞察对于拉动营收增长、扩大市场份额可谓至关重要，正因如此，理解消费者在决定性时刻作出的决策（无论是线上还是线下），都是品牌了解如何在变化莫测的环境下实现增长的关键所在。

（本文摘编自凯度消费者指数《2017品牌足迹报告》）

1.4

中国快速消费品市场的双速增长：在家和在外消费

2017年是贝恩公司和凯度消费者指数连续第六年跟踪调查中国消费者的真实购物行为。持续的跟踪研究帮助我们对中国家庭购买消费的106个快速消费品品类建立了长期的认识。在过去的六年中，每年我们深入分析了包装食品、饮料、个人护理和家庭护理这四大消费品领域中的26个品类。而这四大领域的销售额占国内快速消费品零售总额的80%左右。

与上年一样，我们为4万户城镇家庭配备了专业扫描仪，即时采集消费者快速消费品购买记录。

在上年的报告中，我们向读者介绍了中国快速消费品市场双速前行的现象。2017年我们将继续从产品品类、渠道和外资品牌三个角度研究双速前行的现象。

另外，2017年我们会首次从一个全新的角度切入：食品及饮料的在外消费。

我们通过智能手机采集数据，有效准确地记录中国一线和二线城市4000个消费者在外消费食品和饮料的情况，并结合其他数据来源，对餐饮渠道的总体动态进行了深入研究。

一、中国市场的双速前行现象

中国市场的双速前行现象触动了企业的神经，许多企业已经开始以此为基础调整战略，改变产品组合。他们不再把中国视为一个单一的、高速增长的整体环境，而是致力于在快速增长的细分市场中实现增长，同时在低速发展领域控制成本。

1. 中国双速前行现象依旧

为了印证中国快速消费品市场的双速增长现象，我们比较和分析了食品饮料与个人和家庭护理品牌之间的截然不同销售增长模式。在2016年第4季度，城镇购物者的食品和饮料在家消费总支出仅增长0.1%，而个人和家庭护理品类增长了8.6%。中国快速消费品市场的销售增长五年来持续放缓，我们发现了一些明显的趋势：消费者大幅增加了在个人和家庭护理产品方面的支出，比如彩妆和纸巾，同时缩减了食品和饮料产品的支出。

2016年中国快速消费品市场的销售额增长继续放缓，增速仅为3.0%，与上年同比下降0.6%，跌至5年来新低。快速消费品总体销量增速只有0.6%，而平均售价的增长不温不火，仅略高于通胀率，这两个因素共同拉低了销售额的整体增速。2016年，价格增长2.4%，而2015年价格增幅达到4.4%。快速消费品品类增长普遍放慢，其主要原因并非是城镇家庭数量增速放缓。事实上，中国城镇家庭数量一直稳定上升。导致增速减慢的最根本原因是每个家庭在快速消费品上的平均支出增速放缓，2016年仅为0.7%，远低于可支配收入的增速。

但上述总体趋势体现不出中国快速消费品双速增长的轨迹。

我们首先来看一下慢速增长的品类。包装食品的销售额增长仍然近乎停滞——增幅仅为0.5%。在各类包装食品中，甜食品类承受了最沉重的打击，糖果、巧克力和口香糖的销售额增长分别下跌到6%、9%和15%。除了消费者日益追求更为健康的替代产品以外，还有其他一些因素也导致这些品类的业绩不佳。例如，糖果和巧克力一直以来都是过节送礼的首选。不过如今随着更多中国人选择在假期旅游，他们在家庭聚会上给亲朋好友送礼的机会就变得更少。与此同时，饮料的增速也显著放缓——从 2015 年的 5.5% 下降至 2016 年的 2%。

部分食品和饮料品类得益于创新举措，正在扭转下行趋势。以方便面为例，过去连续 2 年该品类都经历了年均 10% 的销售额缩水。2016 年主要领导品牌如康师傅和统一等企业均推出了比较高端的产品系列，例如更优质配料、更新颖包装的方便面，以满足白领消费者对品质的更高要求。同时，这些品牌对与原本针对蓝领消费者的低端产品线调整了单价，此举帮助他们应对原材料成本上涨的压力并维持销售额增长。方便面是需要未来重点关注的品类之一。来自日本、韩国和整个东南亚地区的进口品牌（通常价格高于本土品牌）正日益流行，社交媒体是其背后的主要推手，例如微博广泛转载的关于全球方便面品评的视频短片。这些与众不同的助推方式都帮助吸引更年轻的互联网原住民。

其他因素也起到一定作用。婴儿奶粉生产出现复苏，从 2015 年负增长 3% 到 2016 年实现 6% 的增长。造成这种反转的主因是：中国政府于 2016 年初放开全面二孩政策，其政策效应初步显现。

尽管包装食品品类正经历整体走弱，其他品类则保持较强的增长势头。例如，随着销量和价格同时复苏，个人护理和家庭护理用品的销售额在 2016 年分别增长 10.5% 和 3.5%。这些品类都受益于中国消费呈现的一些关键趋势，例如对健康和保健的关注度不断提升。

事实证明，中国消费者不断表现出对健康产品或更优质生活的偏好，这种现象的主要推动力是平均收入提升。举例来看，2016 年，瓶装水和护肤品的销售额增长分别达到 17.3% 和 13.6%。

2. 高端化趋势

我们在所有个人护理用品品类观察到较为显著的高端化趋势。例如，在美妆（化妆品和护肤品）品类，阿玛尼和圣罗兰等奢侈品牌本年度在中国市场的表现非常好。在牙刷品类中，高端化趋势体现在基于消费者对口腔健康的认识不断提高，由飞利浦等公司生产的电动牙刷日益流行。同时，随着新一轮的消费升级，越来越多的中国家庭更注重区分纸制品的使用场景，在一些常见使用情景下（如面部使用、家居使用等）用面巾纸替代原本多功能使用的卫生纸，面巾纸销量因而有所增长。同时，由于更多消费者升级购买，从双层换购三层面巾纸，面巾纸也正出现高端化趋势。

在很多品类中，我们也观测到清晰的双速增长趋势：高端细分市场增速如今超越大众细分市场。这种现象尤其适用于瓶装水、酸奶、护肤品、化妆品、衣物洗涤剂、方便面、厨房清洁用品、婴儿奶粉、牛奶和即饮茶等产品——这进一步证明中国消费者愿意为健康产品或提升个人生活品质买单。

在未来，如果企业能同时在快慢双车道尽全力做到最好，那么他们的发展速度将超越竞争对手。这一点已经在方便面等品类中得到验证。康师傅和统一等领先品牌在方便面行业正在扭转趋势：他们正凭借全新的高端化产品线把目标客户群锁定为白领消费者，同时提高大众化产品线的售价，从而抵消以传统蓝领为主要消费群体的销量下滑。我们预计未来将会出现更多这样的动作——这将成为品牌在中国恢复增长的动力。

3. 渗透率平台期

如果考虑线上销售目前起到的巨大作用，快速消费品销售额、销量和平均售价的整体增长数字会变得更加惊人。事实上，2016年电商占整体销售额增长的3/4以上。如果没有线上销售的推动，快速消费品销售额在2016年只能实现不到1%的增幅。

大部分品类都步入渗透率平台期，开始经历渗透率下降。26个品类的平均渗透率从2015年的83%下降为81%。只有7个品类实现渗透率提升，包括酸奶、化妆品、洗发水、护发素、面巾纸、瓶装水和婴儿纸尿片——全部为健康和个人卫生相关品类。渗透率饱和也对大部分品类在中国城镇地区如何实现分销提出新的挑战。截至目前，大部分品牌都通过开设门店或者分销点实现增长。如今，大规模扩张期已经结束，品牌必须通过提高渗透率、提升品牌重复购买率以及高端化（致力于寻求高于通胀率的平均售价提升）来实现其增长目标。

随着大范围分销饱和引发的渗透率步入平台期或下降，很多品牌通过采用两种高端化方法加以补偿：增加高端单品的份额或者提高这类单品的价格。高端化的确在发挥作用，我们可以看看一些果汁品牌在该品类整体销售额和销量下降的情况下如何实现持续稳定的销量提升。领军企业，如味全和农夫山泉分别推出果汁新系列——每日身体管理系列果汁和NFC（非浓缩还原）果汁。两家公司在2015—2016年均实现超过20%的增长。

尽管大部分快速消费品品类不断高端化，但只有少数品类能够同时提升渗透率，包括瓶装水、洗发水、护发素、酸奶和化妆品。得益于新版《国家瓶装水标准》，各大瓶装水品牌以此为契机向市场推出新产品系列（并加大营销投入），其中大部分为高端品牌。以平均售价为代价提高销量的一种常用策略是产品促销。这种做法尤其受大众化品类的欢迎，即价格涨幅落后于通货膨胀的品类。消费者如今更多在促销期间购买这些品类。个人护理和家庭护理用品一般更愿意推出促销活动。在26个品类中，22%的快速消费品品类是在促销期间购买的。但其中面巾纸和婴儿纸尿片在2016年的促销期间购买率分别高达33%和39%。

过去2年，线下促销率显著提高，从2014年的14%提高到2016年的21%；这主要是线下渠道对线上平台实施反击，以提高门店客流的结果。

线上促销率仍然较高，过去3年保持在38%左右；相比而言，高端和进口产品销量持续增长，但相对促销较少。

4. 各地区的双速增长

目前，地域发展差异化趋势仍在继续，西南和华中各省是各个品牌在华的增长引擎。这些省份中有 6 个省 2016 年的快速消费品销售额增长超过 7%，它们是四川、陕西、山西、广西、湖南和湖北。这其中部分原因得益于随着经济增长加快和产业内迁带来的城市化进程加速发展，其增长的驱动因素还包括家庭数量增加。

二、零售渠道的双速增长

关于中国购物者家庭消费行为的第六次年度调查显示出零售行业的持续转变。线上和便利店渠道维持强劲增长，而大型零售商则失去活力。意料之中的是，电商领先群雄，实现超过 52% 的增长。线上渠道如今占快速消费品总销售额的 7%。便利店由于能满足繁忙都市消费者需求，实现 7.4% 的增长，同时他们也推出一些新的引流措施，比如在线上购买产品后到店自提。一直保持稳健增长的大卖场销售额下跌 2%，而一度繁荣的超市/小超市业态销售额增长 2%，仅略高于通货膨胀率。尽管大卖场、超市/小超市这两种业态所占的份额在慢慢缩水，它们仍将占快速消费品市场的半壁江山。

渠道偏好变化的背后有哪些原因？让我们思考一下大卖场所面临的挑战：无论是在线上还是线下，越来越多的中国消费者正在追求便利。结果就是，他们去大卖场的次数越来越少——自 2012 年以来，大卖场客流量逐年下跌，家庭平均购物量也下降了 11%。同时，大卖场业态已呈现饱和的迹象，2015 年渗透率已经达到了 80% 的峰值，在 2016 年降到了 78%。

与大卖场市场下降趋势呈现鲜明对比的是电商销售的状况。众所周知，中国的电商市场规模已经是世界第一，而且依然保持着高速发展的趋势。更有趣的是增长背后的动力：电商在一线城市的追捧度依然最高，但是二到四线城市也正在快速迎头赶上。2015 年，三四线城市快速消费品消费中电商渠道仅占 4%，与一线城市 3 年前（2012 年）的水平接近。不过仅仅一年后，这一比例便接近 7%，达到一线城市

2014年水平。换句话说,下线城市仅比一线城市落后两年,而追赶的脚步正在不断加快。

2016年,婴儿用品和美妆用品仍然保持了较高的电商渗透率和销售份额。所有品类中,婴儿纸尿片成绩斐然,与线下相比,婴儿纸尿片在电商渠道的相对渗透率达到了60%。实际上,婴儿纸尿片线上销量占到总销量的43%。购物者在网上搜寻各种品牌的进口婴儿用品和美妆用品以满足他们对安全、优质品牌的需求。另外,婴儿用品通常享有较高的"客户忠诚度",而消费者也很容易通过电商渠道来随时补货。

然而,并不是所有的品类都拜倒在电商的石榴裙下。2016年我们根据品类在电商渠道的渗透率将它们分为三大类。第一大类由护肤品、洗发剂、婴儿纸尿片和饼干构成。这些品类的电商渠道渗透率很高,并且有明显的上升趋势。与之相反的另一大类由饮料、衣物柔顺剂和口香糖组成,这些品类的电商渠道渗透率较低,不过造成它们渗透率低的原因各不相同:饮料是因为运输成本高;口香糖的原因和我们去年所报道的一样——大多数购买口香糖的行为属于冲动消费;衣物柔顺剂则是因为本身在中国并不普及。第三大类介于两者之间,包括大部分个人及家庭护理用品、包装食品。顶尖品牌与零售电商对这些品类有非常大的兴趣,他们都在不遗余力地推动这些品类在电商渠道的发展。

三、本土外资品牌的双速增长

在中国,本土品牌的发展速度依然快于外资品牌,这也是双速环境的另一层面。在我们之前所做的5次研究中,每一次都详细阐述了本土品牌如何在整体层面上力压外资竞争对手,在大多数研究涉及的品类中(总共26个品类)抢占了外资品牌的市场份额。在2016年,本土品牌实现了8.4%的增长,贡献了中国快速消费品市场93%的增长额。与之相比，外资品牌仅仅增长1.5%。

对比国际品牌，国内企业具备很多优势，而它们也利用这些优势在竞争中占得先机。很多本土企业只在国内市场发展，它们多为家族企业，具有灵活的组织架构，可以根据消费者需求的转变快速调整自身战略。这种快速反应能力让它们可以从模仿者晋升为创新者。这种本土企业扭转竞争局势，迫使外资企业成为追赶者的案例，我们可以从国外品牌纷纷效仿本土品牌滋源而推出无硅油洗发水以及其他创新产品窥得一二。国内品牌成功的一大原因是它们专注于"够好即可"的细分市场，向消费者提供了高性价比产品，满足了他们对价格和质量同等重视的需求。凭借此战略，农夫山泉推出了中端NFC（非浓缩果汁）饮料，弥补了高端冷压榨果汁和浓缩果汁之间的空档，从而一炮打响。同样，本土品牌在适应电子商务和社交媒体方面的速度也快于外资企业。

外资品牌在18个品类中出现了市场份额下滑，在4个品类中取得市场份额增长，在另外4个品类市场份额基本保持不变。其中，外资品牌市场份额下降最多的品类是化妆品、护发素、洗发剂和牙刷；外资品牌取得市场份额上升的品类则是口香糖、衣物柔顺剂、方便面和啤酒。

不过需要强调的是，在比较外资品牌和本土品牌市场份额的时候，我们选取了各个品类排名前20的品牌，而上述数字代表的是内外资品牌的整体市场份额。也就是说，并不是所有外资品牌都处于颓势。实际上，还是有很多外资品牌成功提升了自己在某品类的市场份额。

四、中国的外卖和在外用餐业务蓬勃发展

中国人偏爱的用餐方式正在发生重大变化。现阶段，尽管个人护理和家庭护理品类依然保持正常的增长速度，食品和饮料品类在家消费的增速却在逐步放缓。近几年来，随着差距不断扩大，我们决定深

入研究食品和饮料的消费方式。

凯度消费者指数今年引入了在外消费数据来获取因为消费者在外消费而产生的食品和饮料购买量。借助这些数据，我们第一次能够从各个层面了解一个重大趋势：有很多食品和饮料品类方面的花费是用于在外消费，其中不仅仅有饭店、酒吧、电影院、面包坊等渠道，还包括了从便利店购买边走边吃这一部分的消费。现在，很多中国消费者不在家里做饭，更多的是选择叫外卖或外出用餐。这样的转变为快速消费品价值增长提供了新的角度，我们在未来几年的报告中将继续研究在外消费的动态。

这些趋势为各品牌和零售商带来了令人兴奋的新机会。便利店和食杂店两大渠道具备很大的食品和饮料销售潜力，尤其是在外消费领域。在对比一二线城市11个主要的食品和饮料品类的消费数据时，我们发现户内和在外消费渠道所产生的购买量是几乎相等的。进一步的研究发现，在便利店渠道中，11个品类的户内消费中只有4%是购买自便利店渠道；而在外消费中，有21%购买自便利店。而从便利店渠道本身来看，在外消费贡献了85%的食品和饮料品类整体销量。所以，在外消费领域中，便利店对这些品类的重要程度要远高于户内消费渠道。对于食杂店渠道来说也同样如此。

对于各品牌来说，引入便于携带边走边吃的食品和饮料包装尺寸可以提升便利店渠道的销量。便利店则可以对门店进行重新设计，扩大在外消费的产品量——总之，零售和品牌商都可以利用市场的变化来促进自己的发展。

比如说，增速较低的啤酒品类可以通过便利店渠道释放较大的潜力。您也许会认为，啤酒的主要在外消费渠道应该是饭店，但实际上，大多数便利店和食杂店售出的啤酒也是用于在外消费。这为设计适用于在外消费的包装尺寸提供了决策依据。相比之下，超市和大卖场渠道中出售的啤酒多用于户内消费，因此更适合利用量贩大包装来提升销量，更好地满足在家里喝啤酒的消费者的需求。

最后，更多的中国人不再围着灶台做饭，而是选择了外出用餐或叫外卖。根据我们的研究，从2013到2016年，用于家庭烹饪的食物消费量每年增长约3%，而相同时间内，外卖市场和外出用餐市场的年增速分别约为44%和10%。一些深谋远虑、提前采取行动的品牌已经从这种趋势中获益。例如，联合利华和恒天然的食品服务部门经营的业务通过向饭店餐馆销售食品原材料，获得了两位数的增长。私募投资者毫无意外地将饿了么、美团等O2O外卖整合平台列为投资目标——自2013年以来，O2O外卖市场的年增速达到了40%—50%，并且会随着中国消费者对便利性和优质食品饮料的需求扩大而继续提升。

五、对品牌和零售商的启示

中国市场的食品和饮料消费习惯持续变化，这为每个渠道点燃了希望，有利于制定重要措施。比如，在便利店和杂货店购买的啤酒主要是在外消费，所以便利店和杂货店就应该通过改变包装和规格尺寸等方法，推出针对在外消费的定制产品。鉴于在路上消费的这部分产品销售额持续增长，便利店可以存储更多方便即时食用的包装产品。而大卖场售出的大部分饮料是在家消费的，所以大卖场应该更侧重于批量包装。

有些品牌正在积极应对这些变化。举个例子，联合利华和恒天然已经建立了餐饮服务部门，专门负责向餐厅销售食品原料。这些部门都实现了两位数的快速增长。

这些趋势不仅有助于快速消费品公司更好地了解市场方向，也有利于公司判断在快慢双车道中，品牌处于哪个车道，以及应该如何针对所处车道制定合适的战略。即便是在双速前行的情况下，消费者的购物模式也是可以预测的，品牌可以通过明确这些购物模式击败竞争对手。

公司和品牌可以采用以下方法在竞争中取胜：

（一）企业和品牌的制胜策略

1. 重新审视产品组合，调整适应双速增长和零售业重大变革

企业需要重新审视自己的业务组合，评估自己在高速和低速增长产品品类和渠道的搭配组合。如果一家企业所有的产品都成为低速增长品类或陷入低速增长渠道，那么这家企业毫无悬念必须选择转型。

2. 调整产品范围，把握消费者的新需求

在本篇报告中，我们已经观察到健康、优质产品将继续保持强势的需求量，在外消费——包括外出就餐和外卖——也具备很大的潜力。企业可投资产品研发、供应链（如冷链等）、产品设计（如提供适用于外带的食品饮料包装）并瞄准合适的消费者细分群体（如 B2B 食品服务），以此把握中国消费者的新需求潮流。

3. 持续发展数字能力，按照全渠道愿景拓宽业务职能范围

过去 6 年，《中国购物者报告》中的购买行为研究向我们展示了电子商务强劲的持续增长势头。随着下线城市开始在电商渠道渗透率和线上消费金额方面加速追赶一二线城市，实体店大规模扩张的时代也落下帷幕。原本在下线城市线下渠道具备优势的企业将不得不面对竞争对手通过线上渠道渗透至自己地盘所带来的压力。这些企业现在需要集中精力，建立自己的数字化能力，激活电商渠道来守卫自己的传统领地。企业也需要按照全渠道愿景来设计自己的业务职能，从而能够满足心态日趋成熟、全渠道接受度越来越高的未来中国消费者的需求，赢得他们的青睐。

（二）零售商制胜策略

1. 调整客户战略，实现数字化业务和 O2O 业务的高速增长

为了避免被线上渠道抢走市场份额并出现渗透率下降，传统线下零售商需要通过加深与电子商务之间的联系来跟上大潮流。与电子商务挂钩的方法多种多样：与 O2O 外卖平台合作、在店内接受移动支付/

数字优惠卡/二维码优惠券、利用社交媒体进行营销等。终极目的是创造一个高度数字化、无缝连接的全渠道购物体验。

2. 塑造门店组合

零售商可以压缩现有大型卖场的平均规模。在引入新型、小规模、类似便利店的门店形态时将空间集中用于销售预加工食品、即食食品和外卖食品等。

3. 重新设计门店，准备应对在外消费的巨大潜力

便利店和传统食杂店可以重新设计自己的门店陈列方式（例如：扩大加热预加工食品的展架空间、增加啤酒和果汁的冷藏空间面积），发挥自己地处城镇中心位置所带来的优势，满足消费者日益增长的食品饮料外带的需求。

六、结语

对于中国市场的双速增长现象，公司需要从双速增长的角度审视产品和渠道组合。对于以低速增长品类或渠道为主的公司来说，除了转型之外别无选择。公司可以推出新的高端化商品，满足越来越多的消费者对健康和高品质产品的需求，比如我们发现一些领先企业已经开始改变果汁和方便面品类的游戏规则。当然，这些企业还需要继续发展数字化能力，从全渠道的角度出发，设计更广泛全面的业务职能。

与此同时，品牌商和零售商可以根据消费者从在家做饭到在外消费的变化趋势调整战略。食品和饮料公司可以通过服务餐厅和酒吧等 B2B 客户推动增长。零售商可以改变门店设计，迎合购物者对在路上消费的产品包装、即食产品和配送的巨大需求。此外，零售商还需要继续改造门店组合，发展数字化能力，向消费者提供无缝化的 O2O 服务。

（本文选自贝恩公司和凯度消费者指数《2017 年中国购物者报告》）

1.5

中国美妆行业增长引擎解析

凯度消费者指数的数据显示,中国快消品行业整体增速放缓,年仅为3%,美妆品类则持续保持两位数成长,其中护肤品增长达12%,彩妆达13%,成长速度领跑快销品整体。美妆品类双位数的高成长,是消费者、品牌商和渠道共同推动所促成。具体而言,凯度消费者指数认为,主要由以下几大主要引擎所驱动。

一、美妆行为日渐成熟

1. 护肤品使用步骤增长

基础三部曲——洁面、爽肤水、面乳/霜已经成为大多数女性护肤步骤的标配。但随着消费者护肤意识的逐年提升,高阶的产品逐渐摆上了女性消费者的梳妆台。与上年相比,有38%的女性增加了其护肤步骤。高阶产品的飞速增长,背后也由多因素驱动,充分印证了消费者多方复杂的需求。精华与眼部护理的增长,是对于深度护肤需求,其功能性更为显著;面膜的增长一方面是对基础护肤的加强,同时也是购买时机与使用时机导向的综合结果——恰巧看见可爱的限量包装,或是为第二天重要的约会做一次深层护理;防晒产品的增长,是防晒意识崛起的显著表现;而卸妆产品的增长,是来自于彩妆品类的自然增长。品牌应在稳固"三部曲"之后，逐步发展高阶品类，迎合消费者需求（见图1-5-1）。

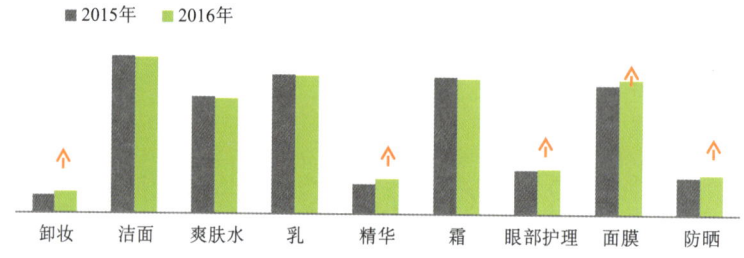

图1-5-1 美妆子品类渗透率

数据来源：凯度消费者指数家庭购买样组，全国一至五线城市，2016年。

2. BB/CC是入门品类，帮助带来彩妆尝新

彩妆的高增长也有目共睹，中国年轻消费者逐渐把化妆这件事情看得越来越重要，其中20—29岁女生是彩妆的生力军。凯度消费者指数的数据显示，在过去的一年中，32.1%的家庭购买过彩妆，这个数字较2年前成长了2.7%，近一年则基本持平。但即使在年轻的彩妆消费者中，仍有54%的20—29岁消费者只使用一步彩妆产品。而在这样的初级消费者中，有一半使用BB/CC产品。这一情况在各个年龄段也较为类似。BB/CC产品简单易上手，妆感较轻易于控制，对于彩妆新手非常适用。BB/CC作为彩妆品类的入门产品，可以帮助品牌培养消费者使用彩妆的习惯，值得品牌主重点投资（见图1-5-2）。

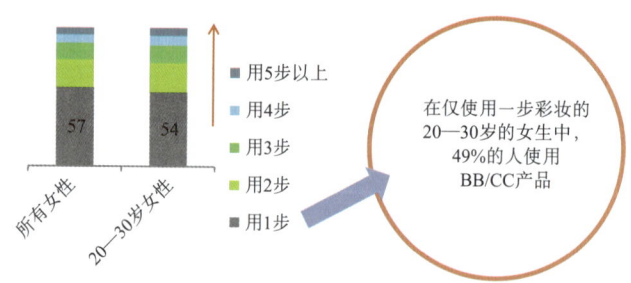

图1-5-2 不同年龄女性在一周内品均使用的彩妆类型个数

数据来源：凯度消费者指数个人使用样组，女性13—55岁，中国一二线城市，截至2016年第一季度的52周。

第1编 中国消费市场趋势

同时，这也给我们带来了另一个利好信号——大量的仅使用一步的消费者，随着品类和消费者成熟度的进一步发展，未来很有可能会转换为多步使用者。彩妆未来的成长空间仍旧很大，值得品牌商关注。

二、高端化进程明显

1. 消费者越买越贵，消费升级推动市场发展

随着颜值时代的来临，彩妆逐渐成为中国消费者日常生活的一部分。但有趣的是，一线城市在彩妆品类的渗透率仅为24.5%，低于市场平均32.1%，且销售成长也慢于市场整体。考虑到上线城市的消费者在护肤、个人护理等其他品类上通常更发达、更成熟，也更容易接受最新的潮流，一线城市在彩妆市场的潜力仍然很大。虽然彩妆品类尝新消费者的增加有所放缓，消费升级这一趋势在彩妆品类却尤为明显，是驱动彩妆品类成长的关键，消费者花在彩妆品类上的钱越来越多，越买越贵，而消费升级也越来越快。两年间，彩妆产品平均单价从75元/件上升至82.5元/件，且价格持续上升（见图1-5-3）。

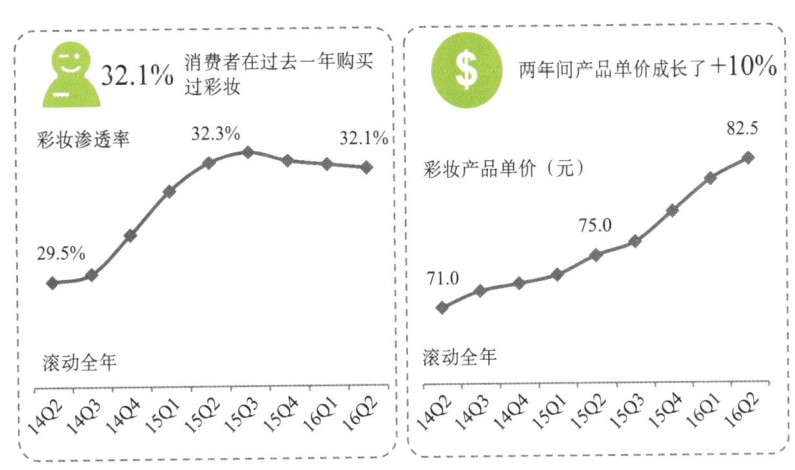

图1-5-3 彩妆市场的消费者购买行为变化

数据来源：凯度消费者指数家庭购买样组，全国一至五线城市，截至2016年第二季度的52周。

价格上升背后的原因是：1）消费者愿意为更高端的品牌花钱；2）为新兴品类带来的价值买单。一方面，高端、奢侈品牌销量成长远高于市场整体，渗透率也明显提升，一部分消费者从中端、大众品牌升级至高端、奢侈品牌。与此相反，中端、大众品牌的销量则停滞不前，但在大众、中端品牌中，产品平均单价也有7%—8%的提升，这说明消费升级形式多样，且发生在各个价格带。对于大众品牌而言，如何提升产品品质、品牌形象，满足消费者消费升级的需求将成为争夺消费者的关键。另一方面，新兴品类虽然定价更高，但凭借其不同的产品价值同样赢得了消费者的芳心。

BB/CC 就是一个典型例子：普通 BB/CC 霜的单价在 91.3 元/件，虽然曾经风靡一时，但近一年销售成长乏力，销量出现停滞；而气垫 BB/CC 产品则势如破竹，虽然单价更高（156.7 元/件），但赢得了 282% 的销量成长。究其原因，和气垫 BB/CC 产品在功能上、使用上更胜一筹密不可分。气垫型产品便于随身携带，上妆和补妆都更为方便；同时，相较传统 BB/CC，消费者认为气垫产品更容易带来提亮、莹彩、自然的妆效（见图 1-5-4）。

以唇部产品为代表的着色类产品价格的快速成长则体现出更为有趣的消费者变化。着色类产品，如唇膏、眼影等产品，在功能、妆效的基础需求之上，更搭载了时尚搭配需求，和消费者自我奖励的心理需求。从消费者使用行为上而言，与护肤品基本上都是一瓶用完再用下一瓶截然不同，唇部产品色彩丰富，质地衍生多，流行变化快，消费者可同时拥有多只产品，配合季节变化、衣着搭配等不同使用时机，选择使用。而从购买时机考虑，一只大牌的口红能带来的"自我奖励"心理满足，也促进了品类的增长，特别是在如圣诞节等节日促销中，限量色号、限量包装都较好的抓住了消费者这一心理。

2. 新概念、新产品层出不穷，推动市场发展

市场不断高端化的同时，新概念、新产品、新趋势也层出不穷。这其中，韩流在推动特定妆容和产品的流行上功不可没。如 BB/CC 产

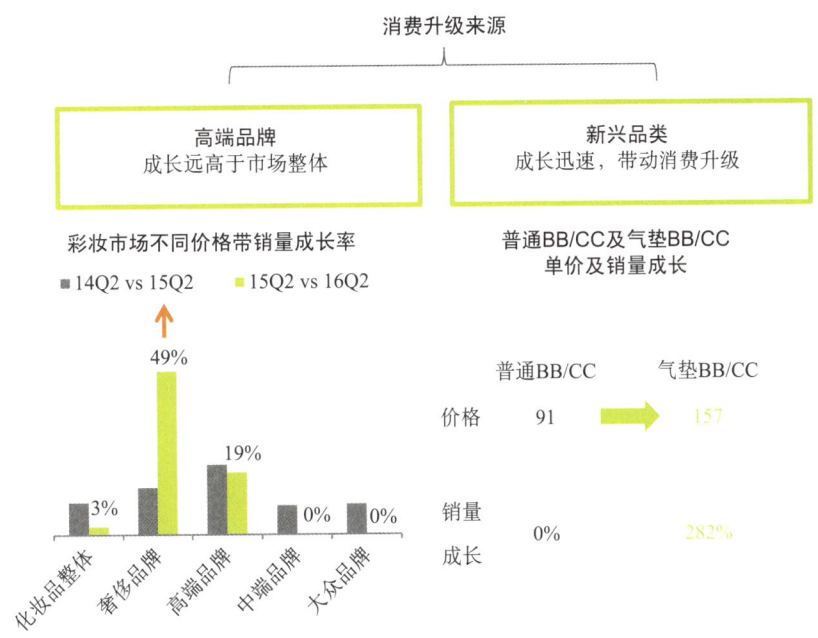

图 1-5-4 彩妆市场消费升级来源

数据来源:凯度消费者指数家庭购买样组,全国一至五线城市,截至 2016 年第二季度的 52 周。

品由韩国品牌引进,伴随韩剧热潮,而后在中国大红大紫,普通 BB/CC 产品已是彩妆最大子类;而气垫由于《来自星星的你》的热播一炮而红,到了 2017 年仍是成长最快的彩妆子类。在韩剧的带动下,眉妆也保持了 45% 的成长速度,从韩式平眉到《太阳的后裔》中女主的流星眉,再到最近的野生眉,韩剧带来了帅哥美女,也带动了中国彩妆新趋势和成长机会。除此之外,品牌主本身对产品的质地也有所创新。举例来说,唇部产品贡献了市场 15% 的销售份额,成长速度达 22%,在各个品类中居于榜首,主要由液体口红这一新质地产品带来。液体口红不同于普通的膏体口红,创新的产品质地带来了新鲜感,也带来了光泽感、持妆度等使用体验的升级,深受消费者的欢迎(见图 1-5-5)。

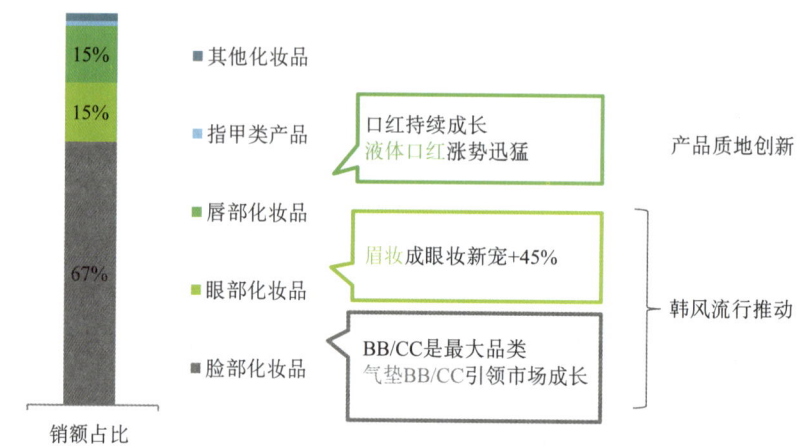

图 1-5-5 不同彩妆品类销额占比及成长

数据来源：凯度消费者指数家庭购买样组，全国一至五线城市，截至 2016 年第二季度的 52 周。

三、消费者更聪明

1. 主动获取品牌信息，不再只随大流

美妆信息分享、美妆博主层出不穷，品牌产品信息也随之广泛传播，爆品、新产品的测评和讨论随处可见。全方位的测评涵盖产品对应的肌肤类型、功能，产品自身的质地、肤感，初使用感受及全天使用感受等等一系列内容。消费者可以根据自身需要，与产品相匹配。换言之，消费者任何一个需求点没有满足，都可能看过测评后降低购买欲望。

"看得到，买得到"这种只重视媒介投放和产品铺货露出，而没有围绕消费者展开的简单策略，在针对新时代年轻消费者时将不再是市场营销的全部。深入了解消费者细分化的需求，从而衍生口碑，才能够抓住消费者的心，促进购买。在现在的品牌市场中，我们已经看到，美妆博主的直接演示使用和推介、直播中插入内置广告、微博和论坛上的品牌"软文"等新兴营销方式正在被一些品牌尝试，未来口碑营

销仍有较大探索空间。

2. 自我需求认知突飞猛进，且消费者乐此不疲

在美妆品类高速发展的同时，消费者对于自己肌肤类型和所对应的需求都有了更高的认识。结合亚洲肤质的更为敏感的特性，消费者对自己的肌肤类型定义非常的分化，如"沙漠干"，"混合油性"，"干性敏感"等肤质，都是多维度考量自己的皮肤特性后得到的类型。以消费者对于"敏感肌"的认知度来举例，随着其认知度越来越高，护肤产品也随之演变，除了基础直接的"抗敏感"、"退红血丝"之外，产品的宣称也围绕着敏感肌肤——从改善肤质本身"增加肌肤抵御屏障"；减少过敏来源"XX致敏性成分无添加"；特定使用时机"快速镇定肌肤"等。

消费者对彩妆与肌肤的契合度要求也逐年增高。以底妆类举例，过去只根据肌肤黑白色度来提供色号，而现在则高度结合亚洲人肌肤容易暗黄、泛红等特点，除了色号之外，一些大牌开始提供"色调"，蓝色调、黄色调的底妆类产品等都根据不同肤色应运而生。

而色彩类的产品则把与肌肤本身颜色的结合发挥到极致。既有"万能"的大红色唇膏、大地色系眼影盘，也有针对不同肤色推出的各种细分颜色。从美妆博主、论坛、彩妆销售人员，甚至到部分高成熟度消费者自己口中，都能随口说出"冷白皮"、"暖黄皮"到底更适合哪几种颜色的口红、眼影、腮红。暗沉皮肤求"显白"，苍白皮肤求"显气色"，这些消费者的需求都被色彩类产品挖掘出来，形成商机。

3. 消费者买贵的，也买对的

纵观包含美妆在内的奢侈品消费，中国消费者的贡献度是全球有目共睹的，有时候品牌商会觉得中国消费者"只买贵的，不买对的"，但是精明的消费者却并不是如此。以美妆品类为例，在20—34岁的主流消费者中，有七成的消费者或跨价格段购买，即组合购买高端品牌和大众品牌。多品牌、多价格段产品同时摆上消费者的梳妆台，充分说明了消费者在选择品牌交叉品类时有较多的思考——消费者并不是进行随意的组合，聪明的消费者会找到每个价格段、每个品牌最适合自己，也最"经典"的产品。

在高端品牌中，消费者更容易选择如下产品：精华产品，消费者看重高端品牌的研发力量，体现在精华的高科技成分或稀有自然提纯成分等，精华被消费者认为是高端品牌中最有"含金量"的产品之一；爽肤水，则由于处于整个护肤产品线中较低的价格，成为消费者，尤其是年轻消费者的高端品牌入门产品，品牌也投其所好地把爽肤水通过高浓稠度、含有精华等概念打造成"精华水"，增加消费者吸引力；唇妆，是借助奢侈大牌背后所代表的时尚地位，以时装的方式每季出新，最大化吸引消费者眼球，既增加购买人群，也能够提升购买频次。

在大众品牌中，消费者则更倾向一些基础和功能性较为稳定的产品。洁面产品，近年来消费者最看重的功效"深层洁净"、"干净不干"等概念本就是大众品牌所带来的，所以大多数消费者还是愿意在洁面产品中停留在大众品牌，升级意愿相对较小。面膜，更是大众品牌的天下，5—15元一片的产品是面膜的主流价格带。除了消费者的购买意愿增强，以韩国和本土品牌为主的大众品牌，也都大力投资在面膜品类，与消费者共同创造了面膜的奇迹——自然、高效、医疗美容等概念层出不穷，合作款、限量款包装抓紧眼球，高促销率等促进了面膜的使用人群和使用频率大幅上升。在这种"快时尚"中，大众品牌更能灵活地适应，从而赢得消费者。眼妆，消费者追求的仍旧是"易上手""防水不易晕"，这些妆效和功能已发展多年，目前已经较为稳定，在较低技术门槛的前提下，大众品牌以性价比胜出。

消费者组合价格段购买，确实给各个价格段的品牌都带来了充分的机会，但同时也带来了挑战。对于仍在扩张消费者人群的高端品牌，如何能让消费者认知并购买自己的产品；对于在高端化中有所流失的大众品牌，如何保住消费者化妆台的一席之地——其答案融合在市场及销售的各个执行细节中，但打造自己品牌的明星产品，并给予其多重曝光点和容易记住的昵称，是目前较多品牌正在做并获得成功的方式之一。如 YSL 的大火的"斩男色",雅诗兰黛的经典"小棕瓶",都帮助其快速打造消费者记忆点,让消费者在万千产品中考虑把它们加入购物篮。

四、年轻消费者仍旧是市场增长的主要动力

1. 更多人买,买得更贵,"20 代女生"最重要

彩妆市场的快速发展和一群消费者息息相关,那就是 20—29 岁的年轻女生们(以下称为"20 代女生")。根据凯度消费者指数个人美妆样组研究显示,20—29 岁的女生虽然只占所有人口的 28%,却贡献了彩妆市场 45% 的销售额。这是因为年轻女性不但彩妆渗透率高、且购买产品的单价更贵。在过去半年中,每 3 个 20 代女生中就有接近 1 人购买过彩妆,渗透率为所有年龄段中最高;而她们同样愿意在彩妆上花更多的钱,购买更贵的品牌。她们在过去半年的人均花费最高,且将 29% 的花费用于购买高端彩妆,显著高于市场整体水平。"买!买!买!"的背后源于她们对护肤、彩妆的兴趣和相对成熟的消费心态。她们是潮流先锋,也是美妆达人。凯度消费者指数个人使用样组的研究显示,她们较其他群体更倾向于赞同"紧跟潮流很重要","喜欢花时间在购买适合自己的彩妆上",也"乐于看最新的美容新闻"(见图 1-5-6)。

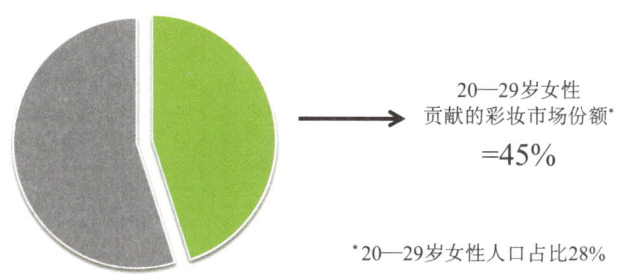

20—29岁女性贡献的彩妆市场份额* =45%

*20—29岁女性人口占比28%

图 1-5-6 20—29 岁女性贡献的彩妆市场份额

数据来源:凯度消费者指数个人美妆样组,女性 15—54 岁,全国一至五线城市,截至 2016 年第二季度的 24 周。

2. 爱韩流，爱新品，20代女生带动彩妆市场趋势

从具体的产品偏好上说，20代女生深受韩流影响，也更愿意购买韩国品牌。在韩国品牌的消费者中，51%为20—29岁的年轻女性。韩国欧巴不仅俘获了少女心，也俘获了美女们的梳妆台。在品类的选择上，她们驱动市场的潮流发展，也更偏爱"色彩类"彩妆。市场最为流行的三大品类：BB/CC气垫、眉妆、液体口红都是她们的爱用品。20代女性除了彩妆使用人数众多，且已经对彩妆品类发展出了更高的要求。在基础脸部妆容的基础上，为了要求能让脸部看起来"更立体"、"更具色彩"，腮红、眼影、遮瑕膏等这些对化妆技巧要求更高的子品类也进入她们的化妆日常。目前多数大众品牌，特别是本土品牌，把更多的精力和投资放在气垫等脸部基础产品上，这对吸引大部分消费者来说确实是正确的做法。但是对腮红、眼影、遮瑕等产品画龙点睛的支持，能够提升品牌彩妆的专业形象，更吸引高阶的年轻消费者（见图1-5-7）。

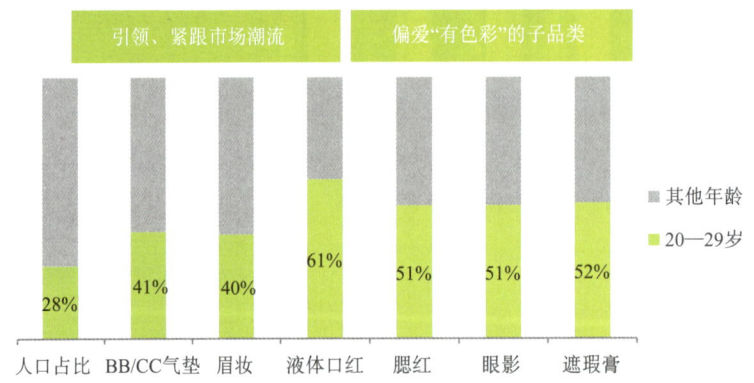

图1-5-7 20—29岁女性贡献的彩妆子品类市场份额

数据来源：凯度消费者指数个人美妆样组，女性15—54岁，全国一至五线城市，截至2016年第二季度的24周。

五、化妆品店是线下渠道成长明星

1. 化妆品商店：客流量有压力，但消费升级明显

渠道方面，商场超市仍然是彩妆体量最大的渠道，贡献了24%的市场销售，但重要性不断下降。除此之外，化妆品商店和网购的体量相当，是彩妆市场不可或缺的另两大重要渠道。然而，不同渠道的成长出现了两极分化的情况。化妆品商店是线下渠道中唯一加速成长的渠道，而网购和海外购物的加速成长则对市场竞争环境形成冲击。品牌不再受到地域和空间的限制，这也意味着市场竞争进一步加剧。海外购物的兴起和中国人民的生活水平不断提高、有更多条件出国旅游，尤其是日韩旅游大热密不可分。而网购销售成长来源于渗透率/客流量的显著提升；与之相对应的是面临巨大客流量挑战的线下渠道，如何通过差异化的客户体验、定价策略、产品组合在竞争激烈的渠道战中将消费者吸引进来是摆在所有线下渠道商面前的严峻问题。

可喜的是，化妆品商店的客单价提升明显，消费升级机会较大。化妆品商店目前的主战场仍然集中在下线城市，这种消费升级也更多由下线城市、本土品牌带来。下线城市的消费能力正在被越来越多的品牌和渠道所重视，其消费潜力也有待更多的开发（见图1-5-8）。

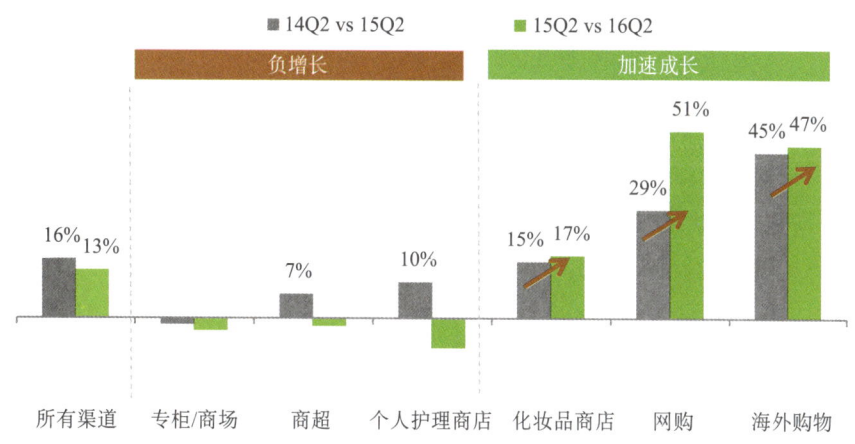

图1-5-8 彩妆市场不同渠道销售成长率

数据来源：凯度消费者指数家庭购买样组，全国一至五线城市，截至2016年第二季度的52周。

2. 良好客户体验帮助化妆品商店招募新客群

虽然化妆品商店面临着客流量减低的压力，但仍旧是一个重要的招新渠道。所谓招新渠道，就是更容易吸引品类新进/尝新消费者，品类尝新消费者相较品类多次购买消费者，更愿意在化妆品商店花钱。其实，化妆品商店对于彩妆品类而言有比护肤、洗护发等个人护理品更深层的含义。与日韩等国家相比，中国彩妆市场的渗透率和使用步骤数都仍处在一个前期发展的阶段，消费者对彩妆品类的认知，特别是使用技巧、手法、色彩搭配等，都仍有待提高。在这种背景之下，化妆品商店配备的销售人员，能够更好地帮助消费者试用彩妆产品，并且教授一些化妆技巧，促进消费者购买。虽然商店超市货架前有时也会有一些促销人员，但出现率不高，专业性也有所限制。大型连锁化妆品商店也逐渐意识到店内体验的重要性，除了加强销售人员培训之外，有条件的店铺还专门开辟出化妆台，提供镜子、灯光、凳子、化妆和卸妆工具等，进一步加强试妆体验。店内体验，逐步成为化妆品商店与商场超市、网购渠道竞争的有力法宝。

一方面本土连锁多品牌店推陈出新，紧跟美妆潮流。某知名本土大型连锁化妆品商店的主推促销产品是韩国当季非常流行的防晒喷雾和日本萌系人气纸巾，打破了消费者对于"化妆品商店＝本土品牌"的刻板印象，而确保消费者能买到紧跟时尚的热销产品是化妆品商店在招商引资中需要保证的基础。

另一方面，以韩国品牌为代表的单品牌店则擅长将店内体验做到极致，也值得同行借鉴：货架设计专业与有趣兼有，各种品类陈列完整、一应俱全，总有一款适合你；同时，五官体验从全方面冲击消费者：不易察觉的店内香氛、灯光，产品陈列旁配合到位的植物、水晶，设计完善、无处不在的试用体验与店员亲切的语气和微笑都让消费者感受到充分的愉悦。同时，单品牌店也从护肤彩妆渗透到生活方式的传递，在品牌旗舰店中增加咖啡厅，口味配方、摆盘设计都与品牌调性完美重合，有利于吸引客流，也延长了消费者在店内的时间。

3. BB/CC 是重点，眼部彩妆是化妆品商店机会

从品牌、产品引入，到全方位的消费者体验，都有利于吸引彩妆

品类的新消费者，帮助化妆品商店在众多渠道竞争中多分到一杯羹。那么化妆品商店的明星品类和成长机会在哪里呢？

从彩妆各个子类来说，BB/CC 仍是化妆品商店的明星品类，销售额占比更高，且成长性好。同时，腮红虽然品类较小，但在化妆品商店的销售额占比高于全渠道，且销售成长高达 53%，同样是化妆品商店的关键品类。与此相对应的是，眼部彩妆的销售在化妆品商店存在一定压力。其中，眉妆和眼影在全渠道均保持了两位数的成长，但在化妆品商店的成长明显慢于全渠道，有进一步成长的机会。消费者平均在化妆品商店购买 1.48 种不同类型的彩妆产品，这一数字甚至高于在专柜购买 1.44 种产品；而这群消费者也更偏爱通过海外、专柜的方式购买化妆品。这都说明，这是一群有消费能力和基础，对彩妆有一定要求的消费者。但考虑到眉笔和眼影对化妆技巧的要求较高，在购买过程中，购物体验尤为重要。因此化妆品商店可考虑通过强化 BA 对彩妆技巧的辅导，对眼影颜色搭配的建议，同时配合诸如修眉等服务提升消费者的店内体验，从而带动眼妆产品的销售（见图 1-5-9）。

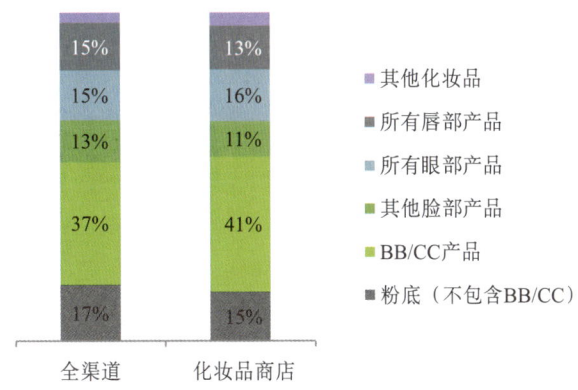

图 1-5-9　不同子品类彩妆销额占比及成长

数据来源：凯度消费者指数家庭购买样组，全国一至五线城市，截至 2016 年第二季度的 52 周。

六、市场竞争白热化，但新的品牌仍旧成功抓取消费者的心

1. 大牌有优势，但仅有"大牌光环"，不足以赢得竞争

美妆品类高速发展，进入品类的品牌也越来越多。消费者面对的可选择SKU数量呈高速上涨，与2015年相比，增长高达17%，竞争呈白热化。当我们看到大牌高歌猛进的同时，其实这些品牌也面临着很大的竞争——在护肤品类，前十大品牌的2016年所占的总份额，较2015年下降5%；而彩妆品类同一数字则更是下降7%。在核心人群20—34岁的女性消费者中，前二十大牌能够占据的份额甚至比平均人群更小。消费者追求大牌，是对其品质的认同，但是盲目追随的红利正在慢慢消失，消费者开始自己辨别"品质"，并选择最适合自己的。

2. 渠道转变带来新机会，专业性的小众品牌持续胜出

网购的出现明显促进了整个美妆品类的旺销，2016年网购渠道已经占整个品类的销售额的23%，俨然成为大型渠道。而其增长率更是持续的惊人，经历的多年的高增长后，在2016年销售额增长率仍高达65%。网购是一个销售渠道，但同时也是一个消费者接触新产品的信息获取渠道，消费者可以通过网购平台浏览产品详情，并研读评价中的使用感受。且这些产品不仅限于国内铺货的产品，随着如小红书、亚马逊国际网站、天猫全球购等平台的搅动，"原装进口全世界"的口号得到了落实，消费者可以看到、买到全世界的优秀的美妆产品。这其中包括一些大牌，如Iope、安热沙等品牌还未正式铺货中国渠道之前，网购平台已经有大量的卖家在销售，销售量非常惊人。顺应趋势，有一些品牌在还未正式进入中国线下渠道之前，会先试水网络海外旗舰店，获得消费者反馈，从而决定下一步决策。

在网购渠道中，由于相对较小的铺货成本，微小品牌也逐步试水。除了大型的网购平台，微信朋友圈也成为重要渠道。无孔不入的微商和微商品牌，通过"朋友圈"直接主动地接触到终端消费者。这种销

售模式在亲戚朋友的信任基础下，更容易形成购买闭环。仅2016年一年，就有300万人曾经在"朋友圈"渠道购买过美妆产品，其影响力不可小觑。近年来，微商这一名词带着极大的争议性进入了我们的视野，质量问题的报道层出不穷。但是随着市场不断的洗牌，大的微商品牌渐渐脱颖而出，成为品牌正规军，从宣传层面也开始请知名人物代言，有一些大规模的媒介投放；一些在普通流动渠道经营的本土品牌也跃跃欲试地进入了或正考虑进入朋友圈渠道。未来"朋友圈"渠道在逐步洗牌中，仍旧有较大的发展空间。

除了线上渠道大幅跃进，其实线下的小众渠道，也正在被一些品牌所看好。以玉泽为代表的一系列专业药妆品牌，开垦医院、药店等渠道也已经有了一定的规模。其强大的功能性，依托背后医学团队，帮助品牌打造专业的形象。专业的小众品牌虽然体量有限，但有稳定的消费者人群，也成为美妆品类不可轻视的一员。在彩妆品类也有类似的例子，如平价品牌Kiko，凭借其产品质量过关、颜色齐全，在由大牌完全主导的唇妆市场占了一席之地，获得消费者的喜爱。

这给想进入美妆品类的跃跃欲试的品牌商提供了一个新的方向，在资本有限的情况下，盲目模仿大牌在如此白热化的竞争中很难脱颖而出，而另辟蹊径，针对特定消费者深耕品牌特点，能够帮助品牌在一开始就站稳脚跟。

七、时尚化已经成为美妆品类的特殊标签

1. 美妆是时尚的一部分，并且越来越重要

美妆品类虽然属于快消品的个人护理类，但又与其他个护产品不同，其高企的价格，也充分说明了其特殊性。但消费者不会无缘无故为高价买单，而"时尚"是被消费者所接受的高价成因之一。

前文提及奢侈大牌彩妆依托其服装箱包时尚背景，其实除了奢侈大牌，一些快消时尚服装品牌也在搅动市场，H&M，Forever 21，Zara，

Bershka 也都拥有了自己的彩妆产品线,彩妆是其每季流行发布的一部分(部分未进入中国市场)。多品牌踊跃跨界,充分说明了时尚在美妆领域的可流通性。

虽然大多数美妆品并没有时装背景,但是其与时尚因素的结合也能助其成长。越来越多的品牌花更多的财力物力在每年的新品、新概念发布会上,请明星到场,美妆博主、直播红人等直播发布会,将新品发布成果做成时尚杂志或专业书籍等方式,都帮助品牌与时尚充分结合,提升品牌价值。

2. 品牌必须快速创新,消费者有时为乐趣而不仅是产品本身买单

通过不断创新来引领美妆潮流,也是"时尚化"标签的重要一环。纵观过去五年,韩国品牌如何一步步稳固在中国市场的地位,其创新能力自是功不可没。从 BB 霜到气垫产品,可以说都是革命性的创新。BB 霜模糊了护肤品与彩妆的界限,让更多的消费者愿意开始尝试彩妆;气垫产品则以易上手、无须用手接触等优势,直接改变了部分消费者上底妆的方式。

革命性的创新并不是每个品牌能够时常做到的,但创新的意识是每个品牌都必须要有的。如果能紧密围绕消费者的需求,即使对质地、包装形式、规格有较小的创新改变,也可以帮助品牌脱颖而出。观察 2016 年的新品,有一些创新为我们提供了方向。泡沫质地已经被广泛地运用在洁面产品中,然而今年,泡沫被应用到了美容液中,泡沫能够将如鼻唇沟和眼周的皮肤全部填满,提升使用便捷性;使用时可以即时感受泡沫状态的变化,也给消费者带来"有效"的肤感。面膜品类一直被敷贴式所主导,泥膜、冻膜等产品因为要自己从罐内抠取、涂抹麻烦等原因,发展一般。但是今年几家厂商把泥膜、冻膜做成胶囊型独立包装,便携性强,契合不定期的使用时机,更加适应当下的生活节拍;单个包装表面上也可以做出不同的图案,吸引消费者眼球。唇妆产品的包装规格一直以来都没有什么变化,但现在由于消费者同时拥有多支产品,很难将其用完。于是一些品牌开始出一些小包装规格，既符合消费者使用习惯，小规格又能更好地吸引新消费者购买尝试；同时在节日促销限量装中，多种颜色的小规格唇妆被一次性装入，让对颜色选择摇摆不定的消费者能一次性买全喜欢的颜色，也是对唇妆颜色不敏感的男性向女性送礼的较好选择。这些质地、包装形式、规格的创新，看似很小，但却都满足了消费者一些在使用感受、使用时机、使用习惯上的需求，从而获得了成功（见图1－5－10）。

图1－5－10 美妆品牌的创新

在美妆品类高速发展的今天，想吸引更多消费者，获得生意成长，凯度消费者指数给品牌商和零售商的建议如下：

1）护肤品类发展迅速，除洁面、水、乳霜这"三部曲"外，对卸妆、精华、面膜、防晒等产品的支持能带动品牌随市场成熟度增长。

2）彩妆品类的渗透率仍有上升空间，教育消费者使用彩妆是第一步；上线城市、年轻女孩是值得重点沟通的人群。BB/CC作为入门彩妆可以有效帮助招新，气垫产品有更大溢价空间。

3）消费升级是大势所趋，消费者从大众、中端品牌进入高端甚至奢侈品牌，对大众、中端品牌而言，品牌高端化则势在必行。

4）20—29岁的女性是美妆品的最重要的消费者，情感沟通很重要，品牌需要拥有创新、有趣、时尚的特质。

5）消费者对自身需求和品牌产品的认知度大幅提升，增加口碑营销势在必行。根据消费者更为细分的需求，提供相应的细分产品，能抓住高阶消费者的心。

6）线上、线下渠道竞争加剧。化妆品商店作为线下成长较好的渠道，进一步的成长机会在于提供更为高端、时尚的产品；提供便利、差异化、舒心愉悦的购买体验。

7）品牌竞争白热化，品牌应发展自己的明星产品，强化消费者记忆点。小微品牌也可以考虑独辟蹊径，针对特定消费者深耕品牌特点，避免与大品牌直接竞争。

8）创新是品牌发展之道，对于中小品牌而言，革命性创新仍有难度，但围绕消费者需求、质地、包装形式、规格的创新是可行路径之一。

（说明：1. 本文所有数据均来源于凯度消费者指数，包括：家庭购买样组，彩妆品类，中国一至五线城市，截至2016年第二季度的52周；个人美妆样组，彩妆品类，中国一至五线城市，女性，15—54岁，截至2016年第二季度的24周；个人使用样组，彩妆品类，中国一至五线城市，女性，13—55岁，截至2016年第一季度的52周。2. 美妆品类包含护肤品和彩妆。护肤品类包含卸妆、洁面、爽肤水、面乳、面霜、精华、眼部护理、面膜、防晒；彩妆品类包含脸部、眼部、唇部及美甲类彩妆，不包含润唇膏）

（本文作者：杜棣，凯度消费者指数）

第 2 编　中国传媒市场趋势

2.1 2017年传媒市场趋势

凡事预则立，不预则废。移动互联时代，不同媒体之间的地位发生巨大变革，传媒行业是近几年变化比较迅速的行业之一。在这个变化的时代，变化的是什么？唯一不变的又是什么？基于这个视角，CTR对2017年传媒市场进行了回顾和梳理，试图找到传媒市场未来发展的趋势。

一、三足鼎立的媒体三大生态圈

在展望趋势之前，让我们先来看看媒体生态格局发生了哪些变化？按照CTR的媒体研究方式，当下以电视为代表的传统媒体、以BAT为代表的互联网媒体、以分众为代表的出行场景化媒体仍然保持三足鼎立、齐头并进的发展格局。

第一大生态圈是以中央电视台为代表的传统媒体生态圈，覆盖面广且公信力强，时间接触特点以晚间为主，晚八点至十点为其黄金时段，也是广告最为集中的时段。第二个生态圈是以BAT为代表的互联网媒体的生态圈，受众能够全天候不分时间地点地接触，互动性强、连接性大、精准度高。而第三大生态圈是以户外为主的出行场景媒体生态圈，分众是其代表，此类媒体匹配度、贴近度高。

2017年以来，三大生态圈内部也在发生着变化。从传统媒体生态圈来看，电视仍是受众规模最大的媒体，观众规模达到12.8亿人，到达率在99%以上，4岁以上的人群基本全覆盖，且电视的黏性仍占有绝对的优势，CSM收视数据显示，每周有6—7天收看电视的人群规模达到5.5亿人，受众的广度和黏性可想而知。此外，2017年电视人均日收看时长为150分钟，较2016年降低11分钟，但随着智能电视的普及，时移收看的比例在增长。以《人民的名义》为例，时移收看量占直播收看量的58%，未来时移收看将为电视带来的增量不容小觑。

而就前几年急速增长的互联网媒体市场来看，用户规模和使用时长步入增长疲缓阶段。截至2017年6月，全国互联网拥有7.51亿用户，较2016年底的7.31亿用户增加约2000万用户，人均上网时长也增长微弱，从2016年底的226分钟增加至227分钟。但用户规模和使用时长增长的趋缓不代表互联网人口红利的消失。在我国的农村，互联网普及率只有34%，随着电信、宽带的普及，农村上网人口未来仍有较大的拓展空间。同时，从上网终端来看，手机网民的比例达到96.3%，几近饱和。但电视的上网率从2016年底的25.0%上升至2017年6月的26.7%，提升了1.7个百分点，可以预见，未来大屏颇具提升潜力。

随着城市化进程发展，出行场景媒体也成为我们生活中频繁接触的媒体类型之一。他们伴随着人们出行，出现在人群聚集处的扁平性场景中。出行场景媒体的发展与城市化率不可分割。国家统计局最新数据显示，2016年我国的城镇化率为57.4%，距离发达国家的80%以上还有一定距离。我国的城市出行圈发展迅猛，2016年城市轨道交通的客运量达到161.5亿人次，新增交通车站376个，民航全年吞吐量达到10亿人次，铁路全年旅客运送量为28.1亿人次，其中动车组运送14.4亿人次。CTR中国城市居民调查的数据显示，户外媒体2017年上半年的日触达率高达87.8%。随着我国未来城市化率的提升，户外出行圈的发展潜力巨大，出行场景媒体也极具发展空间。

从三大媒体生态圈宏观的发展及变化中，能够窥探媒体市场的整体格局。而在媒体生态的不同群落中，媒体市场也在悄然发生着变化，有些变化或许只是昙花一现瞬间即逝，而有些变化却能够成为未来发展的趋势，给媒体市场带来新的生机。

二、2017 媒体市场四大趋势

2017 年的媒体市场有以下四大趋势值得关注。

趋势 1：媒体融合更加深入，进入提速时代

2014 年 8 月 18 日，习近平总书记在中央全面深化改革领导小组第四次会议上的讲话便对媒体建设提出了明确要求："打造一批形态多样、手段先进、具有竞争力的新型主流媒体，建成几家拥有强大传播力、公信力、影响力的新型媒体集团，形成立体多样、融合发展的现代传播体系。"媒体融合近几年来始终保持其话题性，热度不减。2017 年的媒体融合有四大典型范式：

1. 跨域融合提速，媒体融合更加深入

2017 年 2 月 19 日，是习近平总书记在党的新闻舆论工作座谈会上的讲话发表一周年，三大央媒同时宣布布局移动直播。人民日报社新媒体中心发起"人民直播"，旨在净化直播环境，引导直播发展，用新技术传播和壮大正能量；新华社推出全国服务平台"现场云"，旨在与国内媒体共享成熟的"现场新闻"直播态产品，为国内媒体提供融合发展新平台；而央视则推出了"央视新闻移动网"。三家央媒选择在同一天推出新产品，更准确地说，是以节点为起点，正式吹响了进军移动直播的号角。这也意味着传统媒体在跨域传播，或者说在跨平台实时传播方面进入一个新时代。

而跨域融合的深入，还体现在互联网与传统电视媒体的联合。2017 上半年，各大卫视与互联网巨头纷纷合作，北京卫视和阿里巴巴达成了台网联盟，浙江广电与新浪达成媒体跨界融合战略合作，江苏卫视和网易严选达成跨界 T2O 模式。此外，6 月 29 日，阿里巴巴与浙江卫视、北京卫视及深圳卫视达成合作，将在今年的"双十一"晚会上呈现"三台一晚双十一"的盛况，优酷土豆、天猫魔盒、虾米音乐等阿里大文娱板块也将同步直播。

无论是传统媒体向新媒体的发力，还是互联网与传统媒体的合作，跨域融合在 2017 年提速明显，促进媒体融合的更加深入。

2. 平台化融合发展，传统媒体纷纷发力打造内容、服务平台

在媒体融合的道路上，平台化融合发展是传统媒体通用的路径之一。如上文提到的"央视移动新闻网"，包括四个主要功能系统：记者视频回传系统（VGC）、移动直播系统（正直播）、账号矩阵系统（央视新闻矩阵号）、用户上传系统（UGC），其中，央视新闻矩阵号是一个典型的内容聚合平台。央视新闻矩阵号至今共有 142 家广电机构入驻，聚集多方信源，新闻内容得到了良好的聚合与传播。两会期间，央视新闻移动网矩阵号共推出 243 场移动直播，其中央视新闻移动网直播 110 场，直播时长总计 7363 分钟，累计触达人数逾 4.6 亿人，在线观看人数逾 2.25 亿人，开拓了主流媒体融合发展的新境界。

而除了内容聚合平台，不少传统媒体也纷纷打造其服务聚合平台，如湖北广电打造的移动政务新媒体云平台，实现了"新闻＋政务＋服务"集于一身。"长江云"APP、微信公众号、微博公众号"两微一端"布局完善，服务功能涵盖新闻资讯、政务公开、便民服务、直播互动等各个方面，为实现传统媒体和新兴媒体融合发展，更好地服务湖北经济和社会发展有着重大的意义。

平台化发展的道路是媒体融合的重要举措之一，通过平台化发展，传统媒体可以借力新技术、新手段扩大其传播力公信力、影响力和舆论引导力，同时能够深入接触受众，通过聚合的平台分发受众所感兴趣的内容与服务。

3. 通路化运营，线上线下打通，资源加速整合

媒体融合中的通路化运营是指媒体不单单承担信息传播的任务，

同时能够利用媒体的传播优势，打通线上线下，为受众与其生活各方面所需牵线搭桥，形成线上信息、线下产业的通路，切实为受众提供好处。在通路化运营方面，《成都商报》堪称典型，其依托报纸的内容优势，形成《成都商报》两微一端、四川名医、成都儿童团、谈资、红星新闻、买够网、岁月艺术、营销策划中心、数字营销中心和每日经济新闻等十大系列或板块的媒体/产业集群，为受众提供了寻医、教育旅游、电商等各个方面的服务。其中两微一端矩阵总用户量在2000万人以上，"四川名医"寻医平台上有30多个病友圈，光癌症病友圈就有8万多人，《成都商报》的线上活动平台每年组织200多场活动。在《成都商报》的整体收入中，广告收入的比例在逐渐下降，而当前媒体市场整体广告收入已经趋缓，因而在《成都商报》看来，"数字营销＋报纸广告＋活动＋电商"通路化的运营模式才是其未来成功的要素。

通路化运营可以让媒体真正实现打通线上线下，尤其对于地方性媒体来讲，可以利用其独有的地方优势，整合各方资源，为地方老百姓提供切实的服务，这是媒体融合发展的举措，也同时是媒体融合发展的重要意义之一。

4. 电视媒体往上下游延伸，行业与产业融合发展大势所趋

进入全媒体时代之后，对于电视媒体而言，其生存的基本形态与融合发展的未来方向都深受关注，在这里，电视媒体的融合往上下游延伸便是一个重要的趋势。

我们看到，无论在国内还是国外，TMT密切融合发展都是当下媒体融合的主流做法。国外通讯巨头向下游媒体、技术延伸融合，而科技巨头向上游媒体、通讯延伸融合，如世界比较著名的电信行业巨头康卡斯特收购了NBC、高尔夫频道，谷歌收购YouTube，AT&T收购直播电视；同时，国内的三大运营商发力互联网媒体技术产品，比如中国移动的咪咕、中国电信的悦me以及中国联通的沃TV，而BAT也在向媒体和通讯领域拓展融合疆域。

但当下国内所欠缺的是从电视媒体端向上下游的打通。电视媒体生产内容，内容向上游延伸，便是往通路延伸，如有线电视网提供商，或是电信服务提供商，借路通信，能够打通接触受众的渠道。另外向下游，如向电视机终端商延伸，借力硬件与终端，可以直达用户。

电视媒体向上下游的延伸，能够弥补电视媒体单向传播、只有观众没有用户、只有媒体业态没有全局业态、只有内容没有产业平台的不足，能够将观众转变为用户，形成信息传递回路，进行用户化管理。因而向上游通路延伸、向下游终端延伸是媒体融合未来的必经之路。

趋势 2：头部媒体、主流平台价值未来将放大凸显

二八定律被应用在社会学、管理学等各个方面，而在媒体行业，二八定律同样适用。近几年，各类型媒体中的领头羊的发展势头均较为良好，增长明显。

从电视媒体来看，从 2015 年的 30.7%，到 2017 年 8 月的 33.6%，中央电视台台组的收视份额连年上升，复合增长率接近 10%；同时，中央电视台推出的"国家品牌计划"广告市场反响热烈，截至 2017 上半年，共有 33 家成员企业入驻，中央电视台 2017 上半年广告刊例收入同比增幅 35.5%，广告时长增加 23.1%，可见，中央电视台作为国家平台、节目标杆，未来价值将更加凸显。省级卫视的发展是冰火两重天。从 2016 年到 2017 年 8 月，前 7 名的省级卫视（湖南卫视、浙江卫视、山东卫视、上海东方卫视、江苏卫视、安徽卫视、北京卫视）在所有省级卫视收视份额中的占比从 55.9% 提升到 58.5%，头部卫视抢占了大部分的收视份额，且份额进一步增加。而优质的节目资源也在向头部卫视聚拢。根据 CSM 收视数据来看，2017 年上半年收视率前 10 名的综艺全部来自湖南、浙江、上海东方、江苏、北京五大卫视，而收视率 Top20 的电视剧也有 15 部来自这五大卫视，优质资源聚合能力可见一斑。同时，2017 年电视广告资源也进一步向头部聚拢，央视及五大头部省级卫视广告收入总规模约占电视广告总规模的 60% 以上。

同样，在互联网媒体圈，阿里、腾讯近年来扩张迅速。eMarketer的数据显示，2016年阿里巴巴和腾讯网络广告收入保持高速增长，增幅分别达到54.0%和68.0%，预计在2018年，阿里和腾讯的网络广告收入份额将占中国网络广告市场收入整体的近50%，这一数字在2016年为38.8%。2017财年（2016年4月至2017年3月）阿里巴巴收入同比增长56%至1583亿元，而2016年腾讯总收入1519亿元，同比增长48%，两大互联网巨头近年来版图持续扩张，收入增长明显，价值聚拢显著。

而在出行场景媒体圈，分众传媒作为龙头企业，日均触达5亿人次的城市主流人群，4亿城市人口2亿在看分众。其官方数据表明，分众覆盖国内逾95%的楼宇电视媒体，是典型的"生活圈媒体"，具有"必经""高频""低干扰"的特点。在中国品牌Top100中，有80%投放过分众。

头部内容能最大化聚合受众的注意力资源。在互联网时代，以算法为基础的推荐技术工具加大了优质内容被发现、被选择的概率，口碑传播的综合成本更低。有研究表明，超过90%的搜索点击集中在前10名。而未来头部内容的稀缺，也让优质资源进一步聚拢。CTR综艺广告研究显示，现象级综艺节目其广告溢价率能高达16倍以上。而公开数据也表明，年度前十的电视剧播放量较上年增加50%以上，头部内容、头部平台未来的价值将稳步提升。

趋势3：泛文化内容全面回归，文化自信正当时

从2017年的节目市场来看，文化类节目在多屏均反响火爆。以下将分别从传统文化、匠人文化、社群文化、爱国文化和科技文化五个方面观望2017"文化回归年"。

首先，传统文化持续受到市场关注和热议。《中国诗词大会》第二季收视率大幅提升，达到1.49%，相较第一季提升了41.7%。除了《中国诗词大会》，董卿主持的《朗读者》是另一爆款节目。《朗读者》

节目播出期间董卿微博指数峰值达到8.1万，而春晚期间董卿微博指数峰值8.3万，搜索热度直逼春晚。此外，作为一档以明星读信为主要形式的阅读推广季播节目，《见字如面》全网点击量超过2.6亿、合集单期最高点击量超过6100万、单曲点击量最高也超过4000万，成为今年有一档爆款文化节目。不仅如此，自开播以来，该节目几乎一直保持着"零差评"的成绩，豆瓣评分更是达到8.9，口碑爆棚。传统文化节目爆款频出，只要找对表达方式，未来传统、主旋律的文化类节目将大有可为。

其次，"高"而不"冷"，鲜有问津的"匠人"文化也能受到追捧。作为亚洲首部匠心微纪录片《了不起的匠人》自2016年播出以来，至2017年8月第二季收官，优酷独播，两季累计播放量达到2.06亿，豆瓣评分达到8.6分，让"匠人精神"和"东方美"成为网友热议的话题。《了不起的匠人》通过"小"题材展现匠人的"小"手艺，表达了中华民族的"大"文化，立意深远，别具匠心。同时节目分享人林志玲身着汉服造型的宣传海报也亮相美国时代广场，东方文化在世界舞台上发光发亮，更好地弘扬了中国文化。

文化的全方位回归，不仅仅指中国传统文化的回归，同时也给了不为大众所熟知的小众文化自我展现的机会。爱奇艺自制网络综艺节目《中国有嘻哈》成为2017年夏天最火的综艺节目。这档以大型嘻哈（HipHop）选秀为故事主线和背景的真人秀剧集，自2017年6月24日起播出以来热度持续走高，截至2017年8月20日，微博话题阅读量达到28.3亿，百度指数达到12.6万，微信指数峰值达到311万，热度盖过了众多老牌音乐类综艺。"Diss"、"Battle"、"你有freestyle吗？"等众多热词也一夜之间火遍网络。社群文化的异军突起，昭示着小众文化也同样能被大众传播。

说起爱国文化，今年电影市场最火的莫过于《战狼2》，只用了20多天时间，总票房就突破了50亿元大关，成为一部堪称现象级国民级的大片。最新数据表明，上映近40天，这头狼已拿下超过55亿元票房,相较于《战狼1》的5.5亿元,已是近10倍的差距。如果说《战狼2》点燃的是"爱国主义"激情下的文化自信,那么平静讲述的《二十二》则反映了历史一直没有被遗忘。《二十二》票房过1.5亿元,成为内部首部票房破亿元的纪录片。无论是《战狼2》还是《二十二》,爱国的主题一直在被传颂,而在文化回归年,这样的主题经过恰当的方式呈现在大众面前,大放异彩。

而2017年走俏荧幕的还有科技文化类节目。不管是央视或是省级卫视,都在投入资源研发科技类节目,7月23日开始,财经频道大型探索互动科技节目《未来架构师》邀请了一系列科学家讲述自己对未来世界发展的看法;一周后,湖南卫视科技秀节目《我是未来》展示了一批前沿科技;一月后,聚焦职能的科学挑战类节目《机智过人》在综合频道(CCTV–1)周末黄金时段播出,展现人机对垒互动。这些节目均以科学精神为主旨,呼唤"赛先生",让高精尖的科技也能接地气。

从以上2017年传媒市场的众多标志性事件来看,未来泛娱乐向文化回归的转变势不可挡。

趋势4:IP变现将迎爆发,运营须有新思维

通过对以往IP变现模式的梳理可知,IP变现的模式可以分为直接变现和间接变现两种。其中,直接变现以广告和付费为主,目前,广告收入增长乏力,媒体主营业务需要寻找新的突破口。版权出售、IP价值的深挖、衍生品收益和其他模式扩展所代表的间接变现模式成为未来IP变现的主要方向。

在IP开发上迪士尼堪称教科书式经典案例。以基于IP衍生的消费品领域为例,迪士尼在电影制作的初期便介入消费品的生产,通常在电影正式上映前6周开始将消费品投放市场,为电影造势。基于系列动漫形象:迪士尼、皮克斯以及漫威,迪士尼通过授权给第三方生产商或第三方出版商以及自制出版等方式,最大限度地挖掘IP的衍生价值。License Global 公布的全球最大 150 家授权商榜单显示，迪士尼 2016 年的授权产品全球零售额达到 566 亿美元，较 2015 年增加 41 亿美元，成为全球最大授权商，比第二位高出近两倍。

以儿童 IP 市场为例，其业务发展分为三个层次：第一个层次是内容核心层，也是最为核心的层次，以出版和发行为主。发行市场和版权市场是根据创意而产生的漫画、动画等有知识产权的原创人物及作品本身的直接播出，例如动画片、漫画书、漫画周刊杂志、音像制品录像等。第二个层次是内容衍生品层，以消费衍生为主、依靠动漫作品市场向外衍生的市场，与动漫作品具有很强的关联性，例如，以动漫形象为主要特征的玩具、文具、日常小用品、服装、食品、手机图片等。第三个层次是外部关联衍生层，以文化产业为主，主要借助动漫产品的创意形成的相对独立的市场，与动漫作品有一定的关联性，例如以动漫为主题的儿童乐园、动漫主题乐园、动漫博览会、虚拟代言人、真人秀、动漫咖啡茶坊连锁店等。2016 年我国的儿童 IP 市场总产值达到 1588.3 亿元，预计 2020 年将达到 2600 亿元左右。以华强方特和奥飞娱乐为例，2016 年 IP 开发产品收入分别达到 30.6 亿元和 26.4 亿元，该部分收入占营收的比例分别达到 93.4% 和 78.6%，可见我国儿童领域的内容 IP 版权运营正方兴未艾。

IP 变现除了在产品上做文章，运营模式也需要与时俱进，而未来利益分享和风险共担的运营模式将更为普遍。制作委员会的模式最早来自于日本，在 IP 运作的初期，聚集开发所需的各方资源和渠道来进行共同运作，规避 IP 开发的风险。近年来，在中国已经开始诞生制作委员会的雏形，爱奇艺的很多电视剧，比如克拉恋人，在产品立项开发前期，就至少有 3 家公司开始共同出品：一家优秀的有制作实力的电视剧制作公司保证电视剧的品质，一家大型的视频网站保证线上的播出渠道，一家处于一线的电视台保证电视端的播出渠道。泛 IP 产业链的运营，未来需要高效的制作委员会来共担风险。在泛娱乐的推动下，动漫、文学、影视、游戏已经融为一体，如腾讯的网剧《全职高手》，在《全职高手》动画的播出已经取得了非常亮眼成绩的同时，影视作品也陆续进入拍摄阶段，企鹅影视继续在"影漫游联动"泛娱乐领域深耕，将 IP 的商业化潜力发展到最大。

IP 变现虽是一个长久被议论的话题，但就当前 IP 变现的发展形势来看，未来间接变现的产业链将更加完善，风险共担的机制也将更为普遍，未来中国也将有希望打造自己的迪士尼。

纵观 2017 年中国传媒市场，无论是从媒体融合的深入程度、头部平台的聚合能力来看，均有更加深入、聚合发展的趋势，而节目的样态也在逐渐地进行着调整，泛娱乐内容与文化类内容将迎来新的平衡，在传媒市场的众多内容中，强 IP 的打造、产业化的运营也将为媒体市场拓展更宽的发展空间。

（作者：姜涛，CTR 总经理助理、个案集群总经理、CTR 媒体融合研究院执行副院长；万强，CTR 个案集群研究部）

2.2

全媒体时代中国媒体的变迁

以互联网为基准的新媒体不断发展,巨大冲击之下,传统媒体积极进行战略转型,整个媒介行业进行调整和重组。中国的媒体市场呈现出媒体数量激增、网络媒体数量庞大、受众的媒介接触日趋多元化、注意力再被分配、移动媒体主导当前媒体发展的主旋律等特点和趋势。中国已然具有了世界上最丰富的媒体类型和最复杂的媒体结构。

一、媒体结构越来越复杂,网络媒体数量庞大

随着网络媒体和移动媒体的急剧增长,近几年我国的媒体数量已经达到惊人的程度。根据网络公开数据统计,互联网网站总数已达到420万个,数字可谓惊人的庞大。此外,传统媒体如县级以上的电视台数量已超2500家,若算上乡镇、学校、机关的电视台,则国内电视台数量已过万。此外,平面媒体期刊近万种,报纸1918种,影院媒体6000余家。如此庞大的媒体数量,重新分配有限的受众资源,打破了传统媒体的专属时空,形成了传统媒体与网络新媒体并行发展、相辅相成的新态势。如此复杂的媒体生态,给仍然处于探索转型中的传统媒体带来了机遇,也让新兴媒体的可持续、规范化发展受到了挑战(见图2-2-1)。

第2编 中国传媒市场趋势

图 2-2-1　2016 年各类媒体的数量

数据来源：网络数据整理。

（一）受众的媒介接触日趋多元，注意力再次被分配

1. 注意力资源有限，受众同时接触多种媒体的比例下滑

当新旧媒体大量涌现时，受众的媒介接触必定是高度复合化的，接触终端以及接触种类方面均呈现多元化。央视市场研究 CTR – CNRS 中国城市居民调查最新数据显示：受众接触媒体的终端可以是 PC、也可以是平板和手机，且其中使用手机上网的比例更高。此外，各类社会化媒体的发展如火如荼，人们不可避免地接触多种媒体。数据显示，2016 年 62.6% 的受众日均接触 3 种以上媒体，日均接触 4 种以上的比例为 26%（见图 2-2-2）。

图 2-2-2　2016 年受众接触的媒体日趋多元化

数据来源：《CNRS 中国城市居民调查》2016 年 60 城市。

网络媒体迅猛发展，传统媒体的受众不断被分流和抢占，人们有限的精力更多地集中在了某一种或较少的媒体资源上，因此同时接触多类媒体的趋势开始下滑。CNRS 调查数据显示：2012 年，中国城市居民日均接触 3 种以上媒体的比例为 67.7%，日均接触 4 种以上媒体的比例为 30.9%，但在随后几年呈现平稳下滑态势。到 2016 年时，人们日均接触 3 种以上媒体的比例下滑到 62.5%，接触 4 种以上的下滑到 25.6%（见图 2-2-3）。

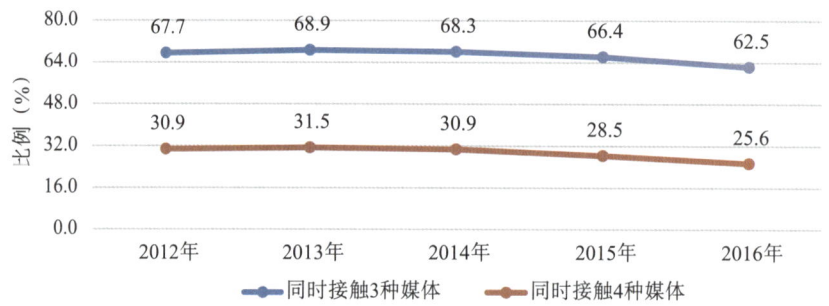

图 2-2-3　2012—2016 年报纸、杂志、电视、广播、互联网、户外媒体中每天接触 3 种或 4 种以上的比例

数据来源：《CNRS 中国城市居民调查》2012—2016 年 60 城市。

2. 传统的媒体接触时间和空间顺序被打乱

网络新媒体不断涌现，打破原来单一的媒体接触模式。媒体的专属时间特性消失，实现了从顺序到乱序的转变，消费者多进程处理模式开启，在固定不变的时间内完成更多的事情；媒体的专属空间特征也由单屏转向了多屏，除驾车外，居家、办公、休闲、其他交通场景的媒体终端类型更为分散。传统媒体不再"场景通吃"（见图 2-2-4 与图 2-2-5）。

3. 受众注意力资源被再分配，呈现碎片化、重叠化特点

数量众多的媒体资源，从时间属性和空间属性两方面改变着受众的生活行为习惯和媒介接触习惯，用户有限的注意力资源也被稀释和再分配，呈现碎片化、重叠化的特点。CNRS 数据显示，42.3% 的受众在看电视的同时，还会看着别的电子设备或接触其他的媒体，比如同

第2编 中国传媒市场趋势

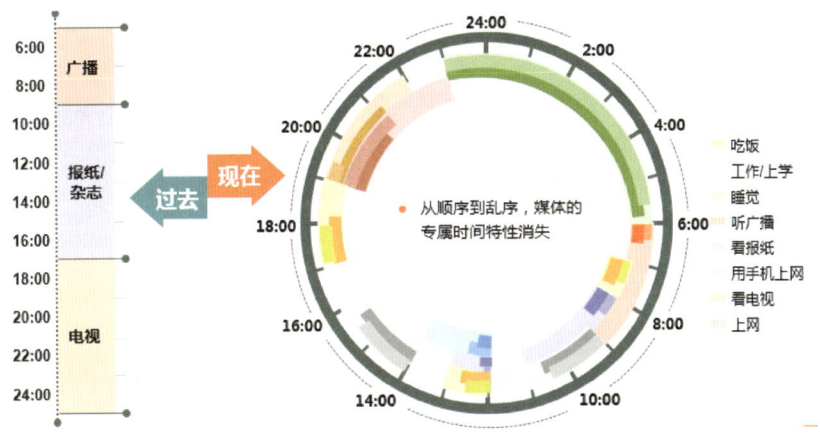

图 2-2-4 受众媒体接触的时间特点

数据来源：根据 CTR 网络调研数据整理。

图 2-2-5 受众媒体接触的空间特点

数据来源：根据 CTR 网络调研数据。

时使用手机访问互联网的比例为 25.2%，使用平板电脑的比例为 6%，使用 PC 上网的比例亦有 7.7%（见图 2-2-6）。

（二）移动媒体主导当前媒体发展的增量

1. 移动网民数量在高基数基础上进一步攀升

中国互联网络信息中心（CNNIC）发布的第 40 次《中国互联网络

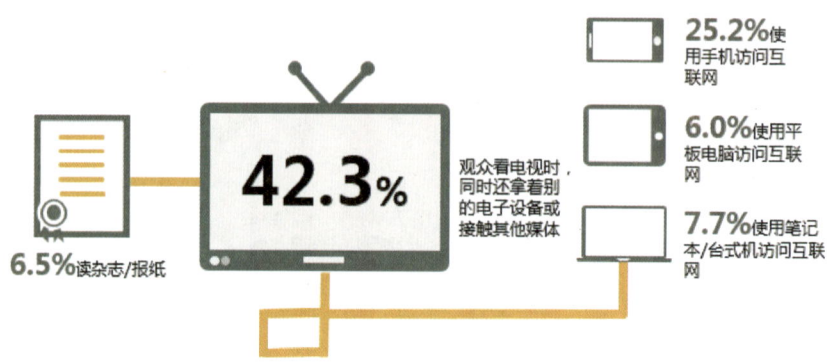

图2-2-6 受众同时接触多种网络媒体资源

数据来源：根据CTR网络调研数据。

发展状况统计报告》显示，截至2017年6月，中国网民规模达到7.51亿户，互联网普及率为54.3%，超半数中国人已接入互联网。同时，网民的上网设备正在向手机端集中，手机成为拉动网民规模增长的主要因素。截至2017年6月，我国手机网民规模达7.24亿，网民中使用手机上网的比例由2016年底的95.1%提升至96.3%，手机上网比例持续提升（见图2-2-7）。

图2-2-7 中国手机网民规模及其占网民比例

数据来源：CNNIC：《第39次中国互联网络发展状况统计报告》。

2. 移动用户规模增长，抢占越来越多的用户资源

移动用户占据总体网民数量一再增加，使得依托于移动互联网生长的各类移动端媒体获得长足的发展，也抢占了更多的用户资源。据CNRS数据显示，从2014年到2016年三年时间，人们使用手机上网的比例以及使用手机上网的时长均直线上升（见图2-2-8）。

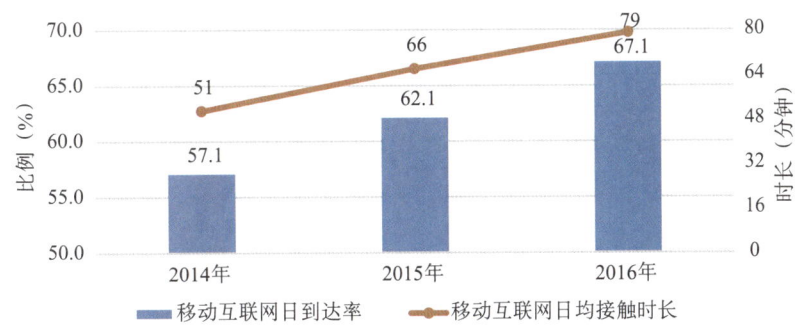

图2-2-8　2014—2016年中国城市居民中每天使用手机上网比例及上网时长

数据来源：《CNRS中国城市居民调查》2014—2016年60城市。

移动生活方式逐步形成，使用手机进行各项网络活动的比例近几年不断提升。CNRS数据显示，从2014年到2016年三年间，居民使用手机进行网络搜索的比例从2014年的10%到2016年的20.6%，升幅超1倍；使用手机浏览网页新闻的比例也从18%提升到30.9%；此外，使用手机进行网络购物以及看网络视频的比例2016年均是2014年的3倍以上，使用手机聊微信的比例也增长了21个百分点（见图2-2-9）。

3. 手机上网覆盖全时段，70后使用手机上网的增长率最为显著

借助移动互联网进行社交、获取信息、购物、付款、听音乐、看视频、查询路线、网上下单……生活已被移动互联网的浪潮席卷。2012年时，城市居民各时段使用手机上网的频率不过3%，而到2016年时仅晚上9点到10点间，使用手机上网的比例达到了24.6%，为2012年同一时段的12倍（见图2-2-10）。

图 2-2-9 受众使用手机进行网络活动的比例

数据来源：《CNRS 中国城市居民调查》2014—2016 年 60 城市。

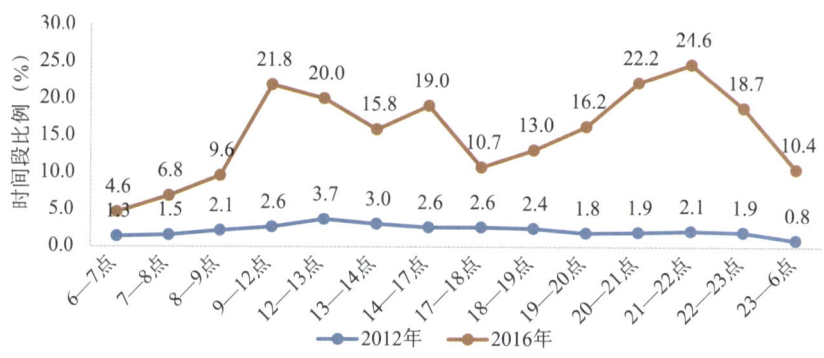

图 2-2-10 2012 年和 2016 年中国城市居民使用手机上网时间段比例

数据来源：《CNRS 中国城市居民调查》2012 年和 2016 年 60 城市。

不同年龄段使用手机网络的比例近几年均有较大幅度的提升，70后增幅最大。数据显示，从 2012 年到 2016 年，中国城市居民手机上网的日到达率从 29.4% 到 67.1%，增长 1.28 倍。其中，90 后使用手机上网的比例为各年龄段中最高。70 后也常手机不离身，到 2016 年移动互联网日到达 75.7%，比 5 年前增长了 105%。此外，更为年长的 50 后也开始使用手机上网。足见，以手机为代表的移动互联已深入到各个年龄段，成为人们生活中的重要组成部分（见图 2-2-11）。

4. 微信成为最重要的移动端社交工具

腾讯旗下的 QQ 作为聊天工具几乎无人不知、无人不用，曾一度霸

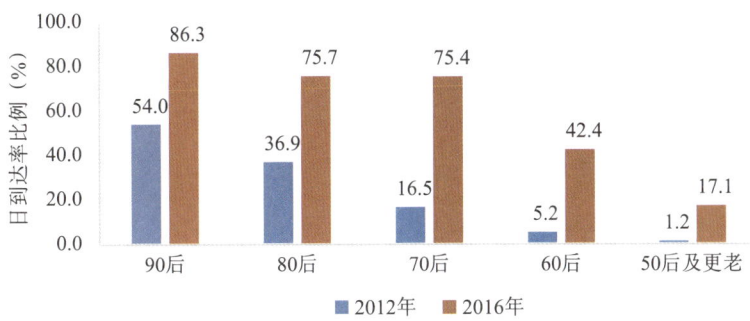

图 2-2-11 2012 年和 2016 年中国城市居民不同年龄段手机上网日到达率的比例

数据来源：《CNRS 中国城市居民调查》2012 年和 2016 年 60 城市。

占着人们的社交网络市场。而腾讯公司再次推出的即时通信工具微信，则以迅雷不及掩耳之势抢占了大量社交网络用户。从 2014 年用户每天使用微信时长的 25 分钟，到 2015 年 31 分钟，再到 2016 年日均使用微信高达 42 分钟，微信占用人们的时间越来越多。此外，截至 2016 年，微信成功跃升至人们最重要的聊天工具，渗透率高达 69.4%，高出曾经的社交老大 QQ 15.6 个百分点（见图 2-2-12）。

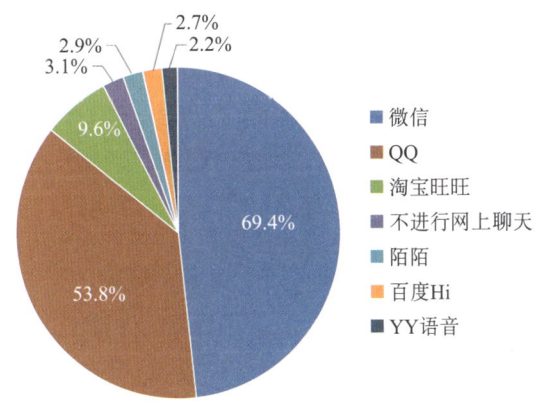

图 2-2-12 2016 年中国城市居民通常上网使用的聊天工具

数据来源：《CNRS 中国城市居民调查》2016 年 60 城市。

二、2016年各类媒体发展态势

（一）报纸媒体再借互联网之力，大步迈向媒体转型之路

1. 报纸媒体快速下滑，融媒体转型已在路上

随着互联网持续迅猛发展，单一媒体时代的佼佼者——报纸受到巨大冲击，近几年报纸媒体的日到达率和日均阅读时长均呈下滑趋势，纸媒的生存环境不容乐观。CNRS 调查数据显示，报纸的日到达率由2012年的53.9%下滑至2016年的32.8%，依照该趋势，报纸日到达率或将持续走低。与此同时，报纸的日均阅读时长也由2012年的25分钟降到2016年的17分钟（见图2-2-13）。

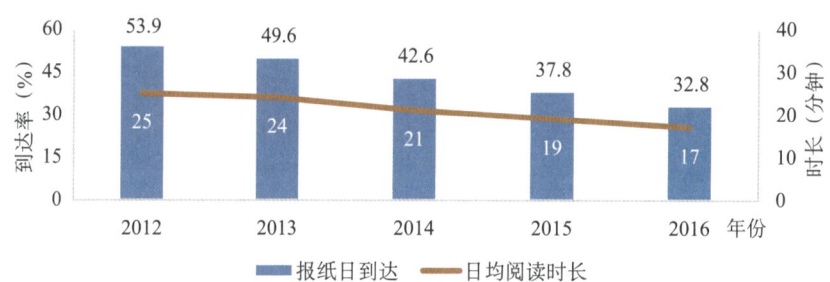

图 2-2-13　2012—2016 年报纸在城市居民总体中的日到达率及日均阅读时长

数据来源：《CNRS 中国城市居民调查》2012—2016 年 60 城市。

2. 报纸媒体下沉可锁定低线城市、中老年群体

报纸因其弹性大、灵活、及时，对当地市场的覆盖率高等特点，易被接受和被信任，因此，报纸的受众可以说是媒体中幅度最广泛的。但在不同的城市线中，报纸的渗透率表现不尽相同。数据显示：报纸在一、二线乃至三线城市中均有所下滑，但是在四线城市中却表现出增长态势。这为报纸媒体选择渠道下沉提供了良好的选择依据（见图 2-2-14）。

第2编 中国传媒市场趋势

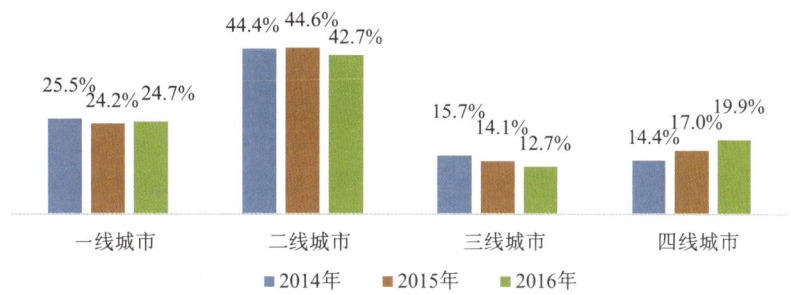

图2-2-14 2014—2016年不同城市线中报纸的日到达率

数据来源：《CNRS中国城市居民调查》2014—2016年60城市。

同样的，在对报纸阅读者进行年龄分层后发现，在报纸媒体整体渗透率下降的趋势下，中老年群体阅读报纸的比例却在逆势增长。2012年起，从40岁开始即有稳定的增长趋势，尤其是50岁以上的老年人，阅读报纸的比例逐年提升的现象尤为明显。此外，每天都阅读报纸的比例亦与年龄呈正相关关系，但是在报纸内容方面，30—40岁的中青年人更关注报纸中的财经版资讯（见图2-2-15和图2-2-16）。

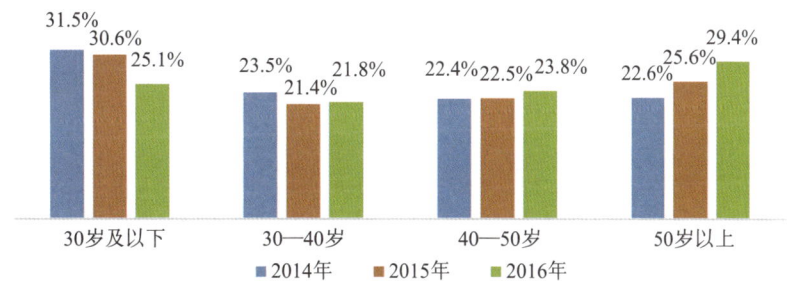

图2-2-15 2014—2016年不同年龄段中报纸的日到达率

数据来源：《CNRS中国城市居民调查》2014—2016年60城市。

3. 依托移动端媒体，两微一端、电子报或将成为报纸媒体转型的重要趋势

虽然发展乏力，但也在一定程度上促成了纸媒行业内部走向转型之路。此时，嫁接着移动互联网的电子报纸逐渐显现出自身活力，也越来越受到更多消费者的接受和关注。CNRS数据显示：2014年时使

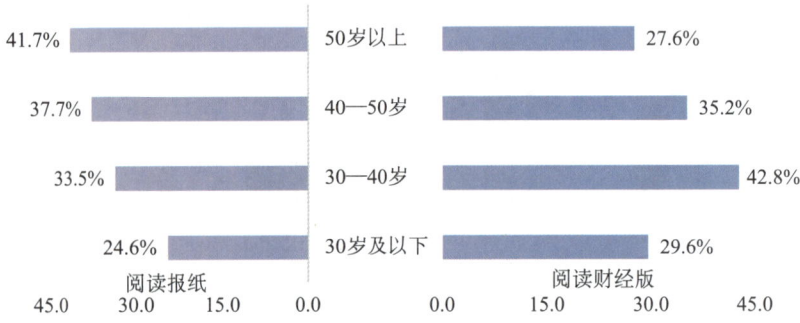

图 2-2-16　不同年龄段中"每天都阅读一份报纸"和
"阅读报纸中财经版"的比例

数据来源：《CNRS 中国城市居民调查》2016 年 60 城市。

用手机阅读电子报的比例仅为 3.3%，到 2015 年增长了 1.9 倍，2016 年又比 2015 年增长了 2.7 个百分点。足见，移动端的便利性使得电子报成为报纸媒体在网络媒体上的新延伸（见图 2-2-17）。

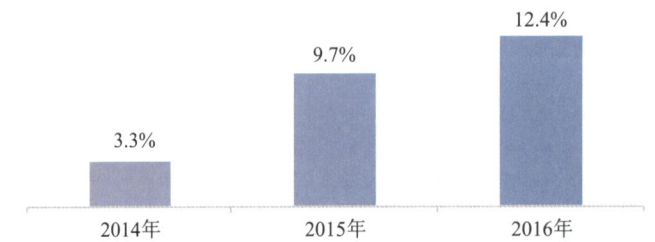

图 2-2-17　2014—2016 年中国城市居民使用手机阅读电子报纸的比例

数据来源：《CNRS 中国城市居民调查》2014—2016 年 60 城市。

从阅读电子报的时段来看，2016 年相较 2014 年，中国城市居民在各时间段阅读电子报纸的频率均有明显增高。2016 年时，居民阅读电子报纸呈现明显的三个高峰时段，分别是早上上班时段的 8 点前后、午间饭点儿兼休息时段的 12 点前后，以及吃完晚饭后的晚 8 点时段（见图 2-2-18）。

总归来说，报纸媒体仍然有低线城市、中老年受众的一波忠实或新进"粉丝"，但报纸媒体走在传统媒体整体下滑的风口浪尖，依托互

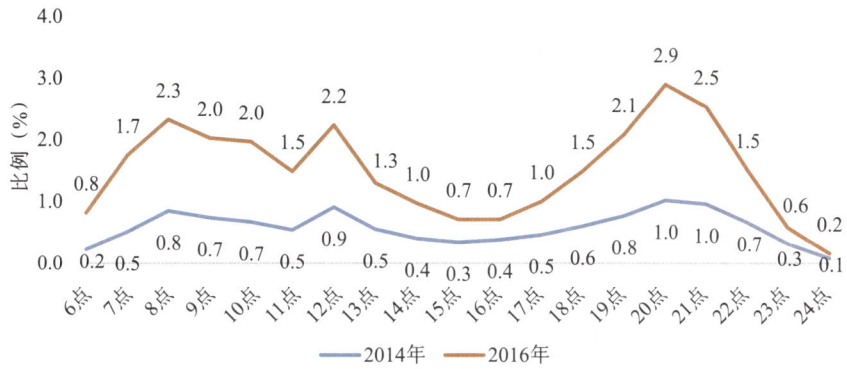

图 2-2-18　2014 年和 2016 年中国城市居民阅读电子报纸各时间段的比例
数据来源：《CNRS 中国城市居民调查》2014 年和 2016 年 60 城市。

联网进行深入的媒体转型势在必行。将传统媒体的内容使用在网络媒体的传播方式上，这毕竟是传统媒体转型中最为简单的一种。更深层次的融合，包括传统媒体建网站、微博、微信、APP 等，可以真正将传统媒体在品牌和内容方面的天然存量优势与新媒体进行融合，这才是传统纸媒转型更值得尝试的途径。

（二）杂志媒体抓住不同读者层，发展趋向高端化、专业化

1. 杂志媒体稳定发展中难逃纸媒整体下滑的影响

纵深发展的杂志媒体虽仍受粉丝的青睐和追捧，甚至从 2012 年到 2014 年，杂志媒体的周到达率以及周均接触时长均是呈上升趋势，但在新媒体冲击的大环境下，从 2014 年开始下滑。截至 2016 年年底，杂志媒体的周到达率下降到 15.1%，周均阅读时长也从 2012 年的 22 分钟下降到 15 分钟（见图 2-2-19）。

2. 高收入、高学历是杂志媒体读者的两个重要特征

排版考究、印刷精美、内容专业的杂志，在价格上也体现着高端，这也就意味着杂志媒体在具有其他纸媒的特点外，还有着售价高的风险。但也基于此，阅读杂志的受众不断被精简，筛选出了更加匹配杂志定位的群体。CNRS 数据显示，2012 年时，阅读杂志受众（以杂志

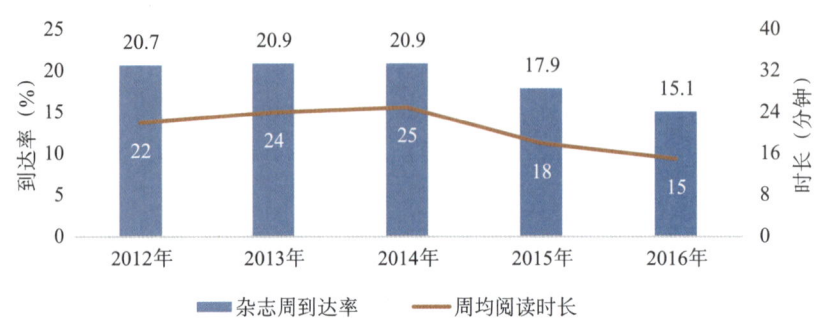

**图 2-2-19 2012—2016 年杂志在城市居民总体中的
周到达率及周均阅读时长**

数据来源：《CNRS 中国城市居民调查》2012—2016 年 60 城市。

周到达为基数）的家庭月均收入为 12790 元，比普通家庭月均收入高出 4887 元；到了 2016 年时，普通城市居民的家庭月均收入增长到 8786 元，而杂志阅读者的家庭月均收入已然增长到 16558 元（见图 2-2-20）。

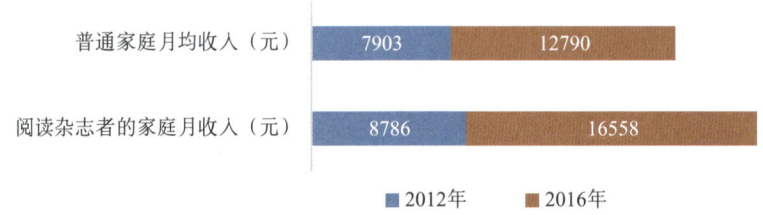

**图 2-2-20 2012 年和 2016 年中国城市居民家庭月均收入
与阅读杂志人群家庭的月均收入**

数据来源：《CNRS 中国城市居民调查》2012 年和 2016 年 60 城市。

杂志内容有较大的专业性和知识性，给受众以专业知识和科普知识的阅读期待，当然也需要读者拥有一定的文化水平和较好的理解能力，因此，杂志媒体更容易吸引到对知识有更高追求和高理解力的高学历受众。数据显示：从 2012 年到 2016 年，杂志媒体阅读者中为本科以下学历的比例大幅下降，与之相反的是本科及以上学历的读者比例却大幅增加（见图 2-2-21）。

图 2 - 2 - 21 2012 年和 2016 年不同学历的中国城市居民阅读杂志的比例

数据来源：《CNRS 中国城市居民调查》2012 年和 2016 年 60 城市。

3. 杂志对于 30—40 岁受众的吸引力最大

从年龄段来看，30—40 岁的青年人是杂志媒体的重要读者群体。数据显示，30—40 岁认为"阅读杂志是一种享受"的比例最高，近 4 成；其次则是 30 岁以下的年轻人，到 50 岁以后阅读杂志的比例则相对较少（见图 2 - 2 - 22）。

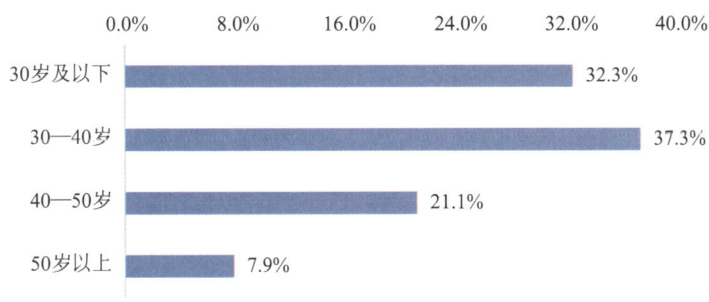

图 2 - 2 - 22 不同年龄段中赞同"阅读杂志是一种享受"的比例

数据来源：《CNRS 中国城市居民调查》2016 年 60 城市。

不同内容的杂志，拥有不同的读者群。比如摄影杂志，读者以摄影行业和业余摄影爱好者为主；财经类杂志，其主要阅读者为商务职场人士等。因此，有不同需求的杂志阅读者往往会对该类杂志有较高的关注度，也就是说，杂志媒体因其自身的特点拥有比较稳定的读者群。因此，在传统平面媒体萎靡的环境下，杂志可以紧抓高收入、高学历的专业性需求,稳稳抓住不同的读者群,在市场上方可有一席之地。

(三)新旧媒体竞争不断,电视媒体仍独占"第一屏幕"宝座
1. 电视媒体延续下滑趋势,但公信力和可信度仍居首位

2016年,电视的日到达率为70.5%,较2014年下降了5.4个百分点。受传统媒体整体下滑的影响,从2012年到2016年,电视媒体日到达率呈逐年下滑趋势,到2016年下滑趋势略有加大。日均收看时长方面,2016年中国城市居民对电视的日均收看时长较2015年下降了17分钟,下滑幅度较大(见图2-2-23)。

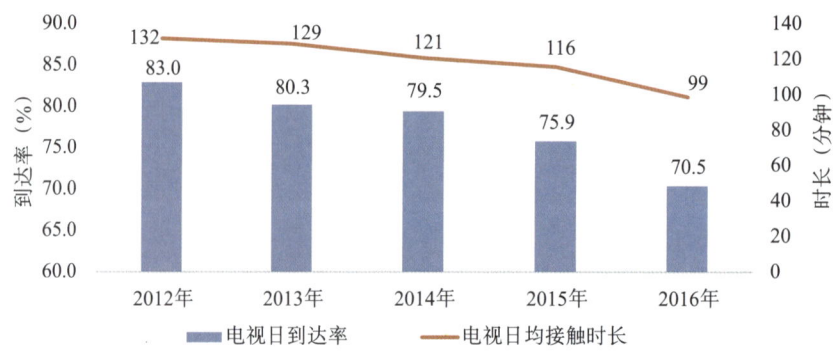

图2-2-23 2012—2016年电视在城市居民总体中的日到达率及日均接触时长

数据来源:《CNRS中国城市居民调查》2012—2016年60城市。

电视媒体相对于其他媒体,是公信力和可信度最高的信息平台。2015年中国社会科学院、中国引擎调查数据显示,在国内发生重大事件的时候,按照公信力排名,中国城市居民获得信息的第一位媒体是电视,占比81%。此外,CNRS最新数据显示,电视的可信度和好感度仍然位于各媒体之首。27.9%的城市居民认为"电视是信息非常可靠的媒体",比排名第二的报纸可信度高出11个百分点。电视媒体成为人们最值得信赖的首选(见图2-2-24)。

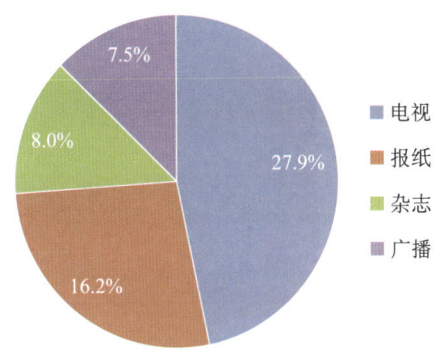

图 2 – 2 – 24　赞同"电视媒体是信息非常可靠的媒体"的比例

数据来源：《CNRS 中国城市居民调查》2016 年 60 城市。

此外，居民认为"生活离不开电视"的比例近几年也呈上升之势。数据显示：中国城市居民认为"生活离不开电视"的比例从 2014 年的 51.6% 增长到 2016 年的 54%。其中，2016 年时，一线城市居民赞同该观点的比例最高为 64%，低线城市则相对较低（见图 2 – 2 – 25）。

图 2 – 2 – 25　赞同"生活离不开电视"的比例

数据来源：《CNRS 中国城市居民调查》2016 年 60 城市。

2. 娱乐类电视节目最受电视受众欢迎

电视媒体的节目内容因受时间限制，使得受众只能在特定的时间观看，这是电视媒体的特点。但是网络媒体却完全不受时间的限制，只要一连网，随时随地可以观看各种类型的节目，因此，电视媒体许多类型的节目受到网络媒体的冲击甚至被替代。在分析受众经常收看和最喜欢收看的电视节目类型时，受众对于娱乐类、电视剧类以及专题类的电视节目仍保持较高的观看频率及较高的收看热情，且近几年均呈上升的趋势（见图 2 – 2 – 26）。

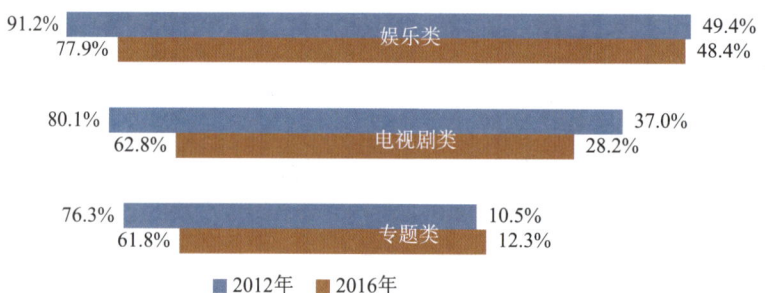

图 2-2-26 电视受众经常观看的电视节目类型与最喜欢收看的电视节目类型

数据来源：《CNRS 中国城市居民调查》2012 年和 2016 年 60 城市。

3. 植根于家庭生活需求的高覆盖率

自电视被发明之日起，便被定格在客厅或卧室，成为居家必备。晚饭过后，一家人围坐于电视前观看各类电视剧，是中国大多数家庭的习惯，放松又温馨。植根于家庭生活的需求，电视媒体一直保持着高覆盖率。CNRS 数据显示，2016 年中国城市居民电视媒体的日到达率为 70.5%；此外，从观看电视的时间偏好上看，电视媒体全天候覆盖，每天的 19：00—22：00 达到收视高峰（见图 2-2-27）。

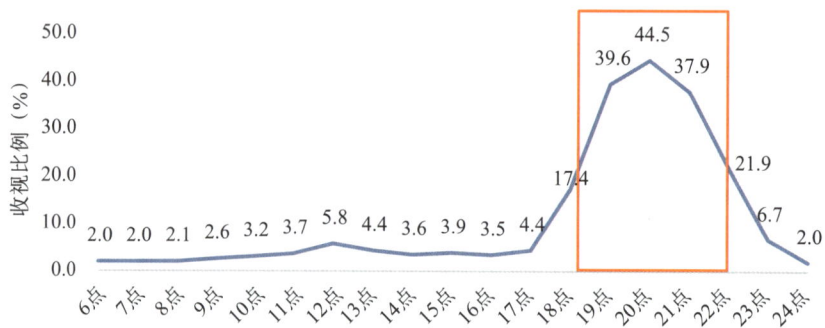

图 2-2-27 2016 年中国城市居民收看电视各时间段的比例

数据来源：《CNRS 中国城市居民调查》2016 年 60 城市。

4. 受众观看电视媒体时，多屏互动已成常态

对电视观看行为进行分析可看出，电视受众已不再满足于某一时

间点的单渠道信息接触,而是"一心多用"对不同媒体的多屏观看。据 CNRS 数据显示,57.2% 的电视受众会在看电视的同时使用"第二屏幕"。这种通过笔记本、台式电脑、平板电脑以及手机来访问互联网,使用社交媒体随时点评正在观看的电视节目、搜索电视节目中的资讯信息、打电话或发短信参与节目互动等行为,已然成为众多电视受众看电视时的自觉行为(见图 2-2-28)。

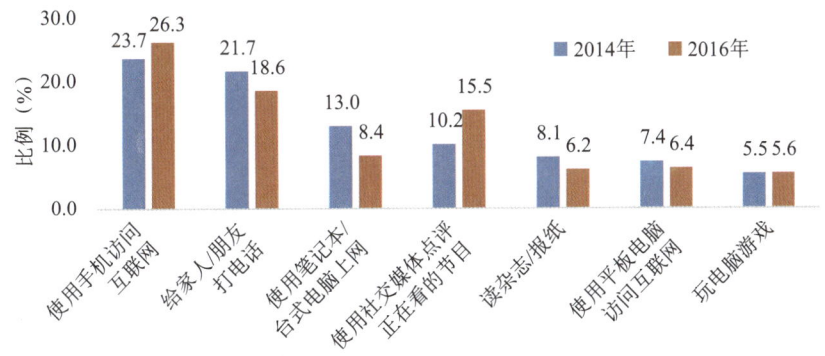

图 2-2-28 电视受众观看电视的同时通常还会做的事情占比

数据来源:《CNRS 中国城市居民调查》2016 年 60 城市。

5. 融合时代下电视媒体转型的"联动"和"互动"趋势

"联动"——跨媒体整合营销,电视媒体与视频网站携手"台网联动"。

在网络技术飞速发展的今天,视频网站已成为与电视媒体并驾齐驱的娱乐平台,诸多电视媒体开始转型尝试跨媒体整合营销,通过"台网联动"打造全新的融合形式,尝试从经营管理、节目美容、受众感知等多方面创造出 1+1>2 的化学反应。"台网联动"的新趋势,可以从联合推广、播出、购买、制作以及营销五大方面着手考虑,从制作始端到营销终端,全方位地开展电视台和网络视频的联动。如 2015年 IP 剧《花千骨》在播出过程中,主演赵丽颖出现在娱乐节目《快乐大本营》、新闻节目《新闻当事人》、季播节目《偶像来了》、纪录片《我们的偶像》以及数条频道宣传片中。同时,赵丽颖个人的微信、微博也积极互动,实现了网站视频与电视媒体的资源和效益共享。

"互动"——受众中心主导,电视媒体由提供"完成品"逐渐转向"半成品"。

无疑,受众是主宰传媒机构行为的核心力量,也是媒体融合传播的活水源头。在体验经济的时代,让用户产生持续的参与感,才是抓住用户注意力和维持受众忠诚度的制胜武器。从注重用户体验的角度,许多传统电视媒体的产品由直接输出的"完成品"开始向受众参与设计与现场互动的"半成品"转变。从电视内容层面,"半成品"主要锁定在一些"真人秀"化的节目,将明星或平民放在特定的戏剧情境中,捕捉他们的真实感受,进而完成参与者与观众的双重"体验",如收视率爆表的《我们的挑战》、《向往的生活》、《爸爸去哪儿》等。

(四)传统广播拥抱互联网APP,移动广播媒体崛起

1. 广播媒体日到达率波动不大,受众日均接触时长下滑趋稳

广播媒体由于收听方式的独特性,在受互联网媒体冲击时,下滑趋势较为稳定。2016年广播媒体的日到达率为13%,相较于2014年有小幅下滑,从五年趋势来看,波幅在1个百分点内。广播的日均收听时长却在五年内大幅下降,从2012年最高值的日均收听17分钟,下降到2015年的8分钟,不过2016年延续了8分钟,下滑趋势趋于稳定(见图2-2-29)。

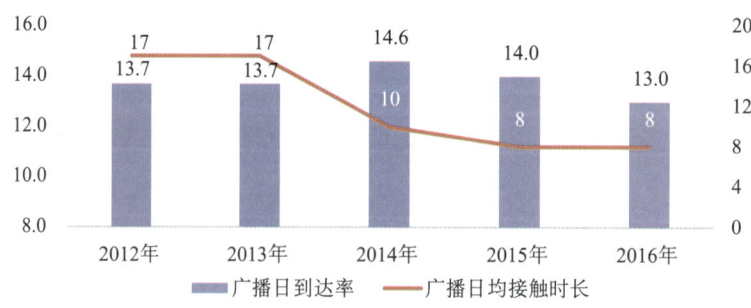

图2-2-29 2012—2016年广播在城市居民总体中的日到达率(%)及日均收听时长(分钟)

数据来源:《CNRS中国城市居民调查》2012—2016年60城市。

2. 借助交通工具，移动收听平稳增长

广播作为曾经的主流媒体经历过多次其他新兴媒体的冲击，但均通过自我创新改革化解了危机。简单来说，20世纪90年代广播利用一根电话线（广播热线互动），在面对电视媒体的冲击下生存了下来；在2000年以后凭借"四个轮子"（交通工具）在新媒体的竞争中存活下来。CNRS数据显示：近五年，广播听众在移动交通工具（私家车、公交车和出租车等）上收听广播媒体的比例总体上呈上升趋势，到2016年该比例再次达到2014年峰值时的22.4%，是传统媒体中接触率稳步增长的媒体之一（见图2-2-30）。

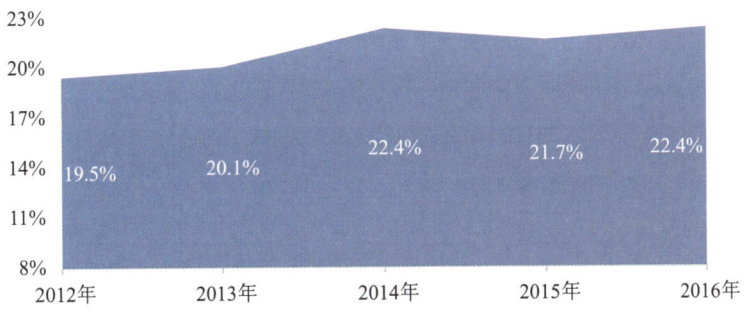

图2-2-30 2012—2016年听众在交通工具（私家车、公交车、出租车）上收听广播的比例

数据来源：《CNRS中国城市居民调查》2012—2016年60城市。

其中，私家车的大量普及成为移动广播收听的重要拉动因素。从2012年到2016年，汽车的保有量与在私家车上收听广播的比例均呈正相关关系，到2016年达到新的高峰。其中，30—40岁的青年人群在私家车上收听广播的比例最高，达到26.6%（见图2-2-31）。

3. 音乐类和新闻类是群众最常收听的广播节目类型

不同节目广播节目类型对于受众的吸引力是大不相同的。2016年收听音乐类广播节目的日到达率最高，为19.2%，其次则是新闻类，比例为17.3%，交通资讯类和娱乐节目类则分别位列第三和第四位（见图2-2-32）。

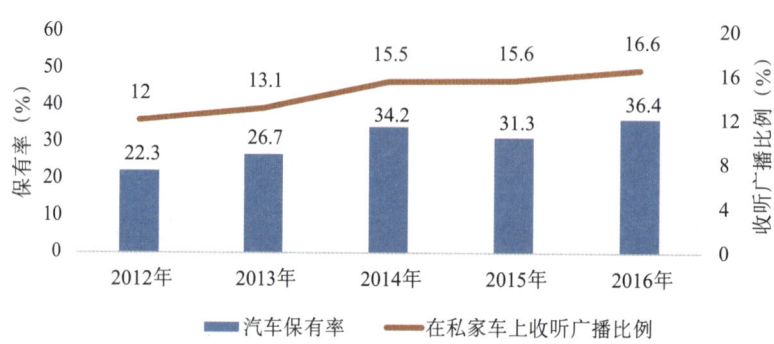

图 2-2-31 2012—2016 年汽车保有率及私家车中收听广播的比例

数据来源：《CNRS 中国城市居民调查》2012—2016 年 60 城市。

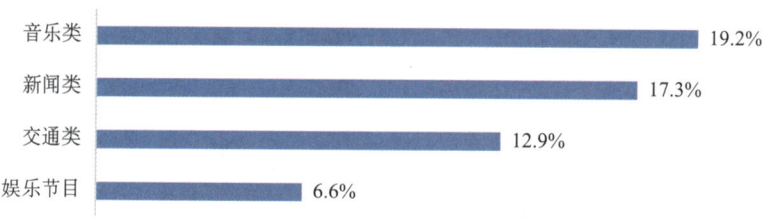

图 2-2-32 2016 年收听不同广播类型的比例

数据来源：《CNRS 中国城市居民调查》2016 年 60 城市。

4. 移动广播 APP 迅速发展，锁定年轻用户

随着网络媒体的不断兴起，通过互联网在 APP 上进行音频传播的新兴行业迅速崛起，用户量爆发增长，这些移动电台快速地争夺、瓜分着传统广播的收听市场。Clickstream 2016 年数据显示：使用手机收听互联网广播且在过去一个月点击过的移动广播 APP 前六位分别是：蜻蜓 FM、喜马拉雅、荔枝 FM、阿基米德、考拉 FM 以及凤凰 FM。分年龄段来看，25—35 岁是收听移动广播比例最高的年龄段，占比 43.2%，其次则是 35—45 岁人群，比例为 35.3%。因此，移动电台锁定 25—45 岁的年轻群体，在工作闲暇时间选择相应的内容播出，必将会提高传播效率，打造良好的用户体验（见图 2-2-33）。

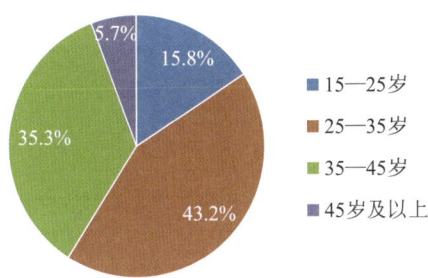

图 2 - 2 - 33　2016 年使用手机收听互联网广播且在过去一个月
点击过移动广播 APP 受众的年龄段分布情况

数据来源：《CNRS 中国城市居民调查》2016 年 60 城市。

传统广播媒体不仅具有内容优势和品牌影响力，且具有声音资源、技术传播和即时互动等特质，但在新媒体的冲击下，传统媒体亦应该进行战略转型的思考，以实现自身可持续发展。比如，从内容生产者变为内容提供者，面向整个媒体市场、不同终端和场景进行优质内容的提供。传统媒体电台亦应该打造自己的新媒体广播平台 APP，与移动互联网广播和视频直播进行融合，比如中央人民广播电台将视频、新闻、有声阅读分别开发成央广视频、央广新闻、阅耳听书三个 APP，其中阅耳听书拥有名家鸭脖的授权产品，并邀多为央广主持人参与演播，收获了大量的听众。此外，创新内容、用户深度整合与挖掘人才亦是广播媒体应对增势放缓的解决之道。

（五）自动化、高技术化与场景化是未来户外媒体发展三个特点

1. 户外媒体到达率增长稳定，到 2016 年日到达率高达 84.1%

户外媒体是最经典、最古老的广告媒体形式，凭借着"广而告之"和"城市景观"等功能，在各类传统媒体深受网络媒体冲击时，依然保持着渗透率增长态势。数据显示，从 2012 年到 2013 年，户外媒体的日到达率从 76.2% 猛增到 84.8%，此后依然保持稳定且有增长的态势，属于传统媒体日到达率下滑大背景下的一抹亮色。到 2016 年，我国户外媒体维持在 84.1% 的高渗透率（见图 2 - 2 - 34）。

图 2-2-34　2012—2016 年户外媒体在城市居民总体中的日到达率

数据来源：《CNRS 中国城市居民调查》2012—2016 年 60 城市。

2. 交通出行类户外媒体广告渗透率最高

户外媒体按照投放的地点，主要可以分为交通出行类、楼宇液晶电视类、电子大屏类以及其他类型的户外媒体广告，不同类型的户外媒体因其地点的不同，受众接触的频率和时间也各不相同。按照不同的类型，"昨天"受众接触交通出行类户外媒体的比例最高，为 65.1%，接触过液晶电视类户外广告的比例次之，为 53.7%，电子大屏广告的比例为 47.5%。

具体看来，户外液晶电视广告与公交车相关的户外媒体广告（包括候车亭/站牌广告、车身广告、车内广告等）的日到达率均超过 50%，其次是户外电子大屏广告，日到达率为 47.5%；而像常见的电梯海报、条幅广告、出租车相关户外广告（包括车身广告、车内广告等），以及地铁/轻轨相关户外广告（包括站台广告、灯箱广告、通道广告、通道灯箱广告、站厅广告、扶梯广告、闪屏广告、车内广告等）均在受众接触的户外广告中占有重要的一席之地（见图 2-2-35）。

户外媒体有别于其他媒体形式，具有不可替代性。虽然行业土壤的一些根源问题导致户外媒体发展遭遇瓶颈，然而伴随着互联网数字时代的到来，户外媒体行业亦可谓迎来了前所未有的发展机遇。首先，在户外大屏铺满大街小巷，楼宇电视、公交电视、机场电子刷屏等百花争艳的繁荣市场情况下，户外媒体应尽快实现全媒体行业的数字化发展，实现联网统一的自动化管控；其次，加强与当下火热的虚拟现

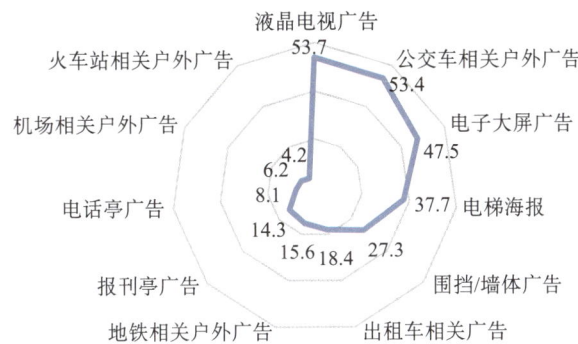

图 2 – 2 – 35 2016 年不同类型的户外媒体在城市
居民总体中的日到达率（%）

数据来源：《CNRS 中国城市居民调查》2016 年 60 城市。

实 AR 和 VR 技术、声控触控温控等体感技术的融合，注重打造户外媒体高质量的用户体验；最后，户外媒体特殊的场景性，为其场景营销的发展提供了重要支撑，比如写字楼里的白领、电影院的休闲体验、机场的商务人士等，这些不同场景中的受众对于户外媒体的需求和理解各不相同，深刻理解好不同的场景，并运用大数据进行解读，则必将成为户外媒体的另外一个重要的发展契机。

（六）网络媒体的渠道渗透走向纵深

1. 互联网媒体继续普及

互联网的迅猛发展是所有人有目共睹的，日常生活也因网络的介入发生了深刻变化，人类俨然进入以互联网为链接的巨大的网络社会中。CNRS 数据显示，从 2012 年到 2016 年，互联网的日到达率一直保持增长态势，期间，2013—2014 年为近几年增长的一个高峰期，之后增速放缓。而在网民规模增长的同时，互联网日均使用时长也不断增长，从 2012 年日均接触 130 分钟增长到 2016 年的 169 分钟，增长了 30%（见图 2 – 2 – 36）。

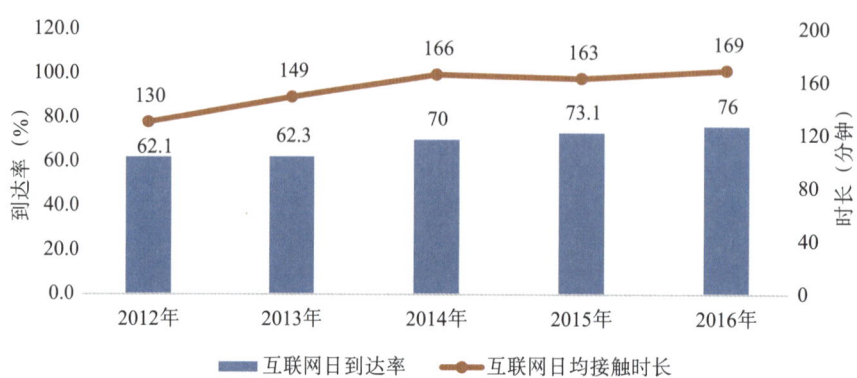

图2-2-36 2012—2016年互联网在城市居民总体中的日到达率及日均使用时长

数据来源：《CNRS中国城市居民调查》2012—2016年60城市。

2. 网络越来越不可或缺，优选级别逐渐提高

网络的高覆盖率，当然也因其在受众生活中扮演的角色越来越重要，越来越必不可少。2012年时，有43%的城市居民认为"我现在花更多时间上网，网络越来越成为生活中不可缺少的部分"，到2016年比例已经上升至49.2%。同时，网络日益成为受众获取信息的首选渠道，2012年，67.5%的城市居民中认同"需要信息的时候，我首先想到的是上网获取"，2016年时该比例上升至72.8%（见图2-2-37）。

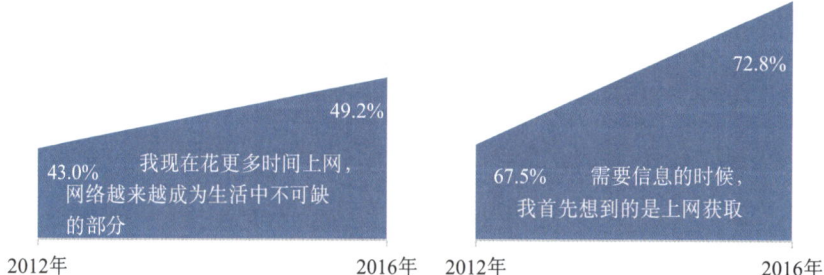

图2-2-37 2012年和2016年中国城市居民网络态度改变情况

数据来源：《CNRS中国城市居民调查》2012年和2016年60城市。

第 2 编 中国传媒市场趋势

3. 网络全天候覆盖，午间和晚间是上网两个高峰时段

可以说，没有哪一种媒体会像网络媒体这般全天候、全时段地覆盖居民全部日常生活。上班时间浏览网页，通勤路上查询路线、看电子书、使用社交软件，休闲时间网上购物、浏览网络视频等。尤其是在每天晚饭后的休闲时间，是居民使用网络的最高峰时段。据 CNRS 数据显示：从 2012 年到 2016 年，中国城市居民的上网时间在每个时段都有大幅增加，12 点到 13 点的午间成为仅次于晚饭后上网比例的次高峰（见图 2－2－38）。

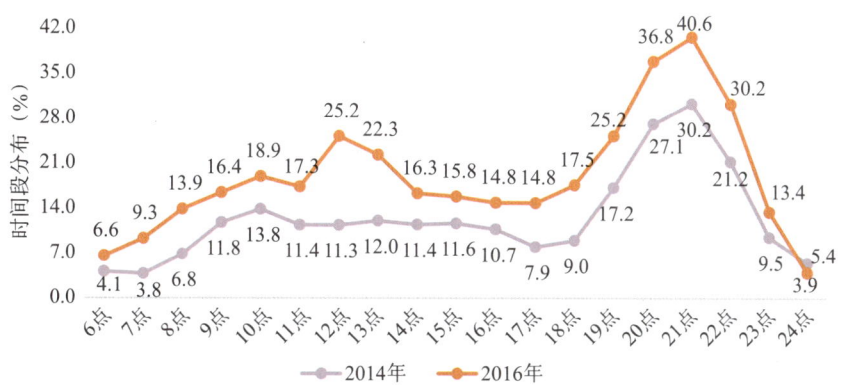

图 2－2－38 2014 年和 2016 年中国城市居民上网时间段分布

数据来源：《CNRS 中国城市居民调查》2014 年和 2016 年 60 城市。

4. 综合门户类网站仍然是访问量最多的网站类型

从访问的互联网网站类型来看，当下人们对于综合门户类网站访问的日到达率最高，各类垂直细分类则相对较少。据 CNRS 调查数据显示，2016 年综合门户访问的日到达率高达 48.2%，综合视频类也超三成。垂直类网站如网络游戏类、财经类、社区论坛类以及汽车类等的日到达率均在 10% 左右（见图 2－2－39）。

5. 手机端超过 PC 端，移动网购迅速增长

互联网不仅方便了日常搜索、查询等，而且还让人们足不出户进行购物成为可能。如今，使用互联网进行购物和付费已经成为一种生

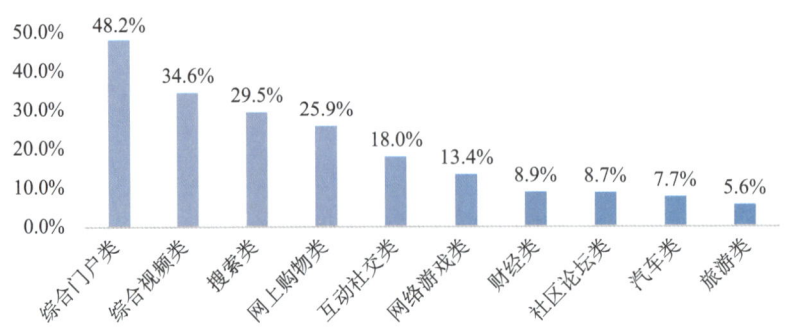

图2-2-39 2016年综合门户类和垂直细分类网站的日到达率

数据来源：《CNRS中国城市居民调查》2016年60城市。

活状态。数据显示，居民2014年进行网络购物的比例为44.6%，到2016年该比例提升至53.8%，并且，2016年有20.9%的"剁手党"全年网购超过5000元。此外，在进行网购的终端方面，2014年网购时主要是使用PC端，到2016年移动手机端进行网购的比例明显大幅增长，达到19.5%，且超过PC端网购比例（见图2-2-40）。

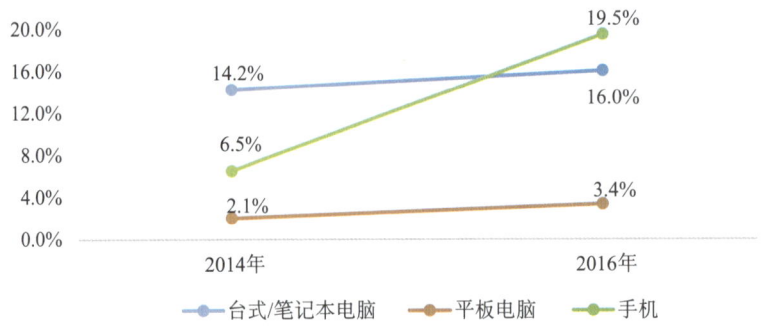

图2-2-40 2014年和2016年进行网络购物不同终端的比例

数据来源：《CNRS中国城市居民调查》2014年和2016年60城市。

网购的高频率使用也源于人们对于网购的信任。从CNRS生活形态语句可以看出，受众对网购越来越依赖。2012年认为"通过互联网购物很安全"的比例为22.1%，到2016年该比例达到35.4%。赞同"网上购物使生活变得更加轻松"的比例也从2012年的35.2%上升到2015年的49.3%（见图2-2-41）。

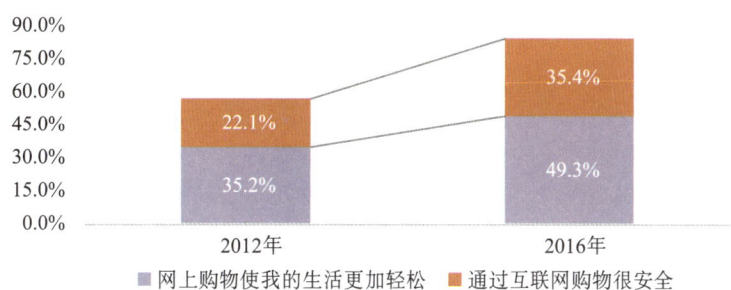

图2-2-41　2012年和2016年中国城市居民网购态度情况

数据来源：《CNRS中国城市居民调查》2012年和2016年60城市。

6. 网络视频成为网络应用的新增长点

网络视频的出现使得人们再也不用每天守在电视旁边，定点定时的看某节目，而是可以随时收看过往的节目，因此，网络视频最近几年广受广大网民喜欢。数据显示，从2014年到2016年，受众使用互联网观看视频各时段的比例均有大幅上升，且其中，人们观看网络视频的类型主要包括电电视剧、各类综艺节目以及新闻资讯等（见图2-2-42）。

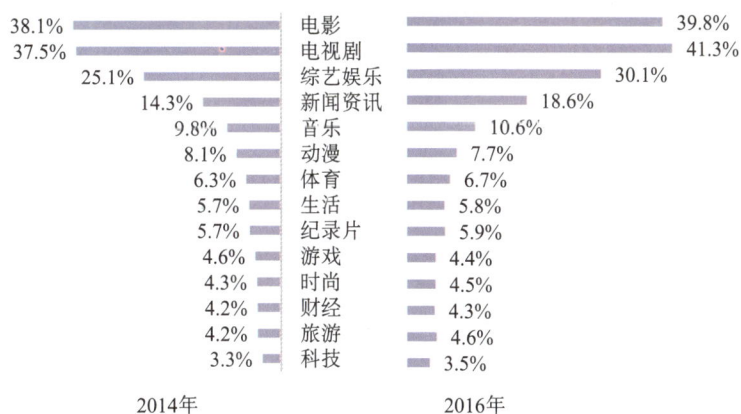

图2-2-42　2014年和2016年人们观看不同类型网络视频的比例

数据来源：《CNRS中国城市居民调查》2014年和2016年60城市。

（作者：李英超，CTR媒介与消费行为研究）

2.3

2017年中国社交媒体影响力研究

为了全面深入地了解社交媒体的发展现状、发展趋势以及中国人对社交媒体的态度及评价,自2013年起,CTR媒介与消费行为研究部携手凯度中国连续四年发布《中国社交媒体影响报告》。该报告清晰、系统地为大众呈现出中国社交媒体的最新发展动态。2017年6月份,《2017年中国社交媒体影响报告》新鲜出炉。

报告中,社交媒体被分为了更细的九个小分类,受访者对他们使用过的小分类进行打分,结果显示:(1)微信的满意度得分最高,并且在各细分人群中都得到了高分;(2)微博在年轻人群中满意度较高;(3)个人信息安全和隐私保护引起了人们的担忧,年轻人的警惕性尤其高;(4)交友类社交媒体使用率和满意度最低。

一、2017年社交媒体发展趋势

(一)社交媒体用户继续增长,三大社交媒体在年轻人中的渗透率和影响力各不相同

2017年社交媒体在中国不断发展,已经成为一个完整且饱和的生态系统。虽然微信依然是社交媒体领域的统治者,但其用户增长已经大幅放慢。微博迎来了复兴,在年轻人群中有较高的渗透率。与此同

时，更多垂直领域的社交媒体产品不断出现，互联网巨头们也在不断改进各自产品的社交功能。

1. 微信日活跃度继续攀升，但对年轻网民的覆盖率有所下降

微信在当下社交媒体中的统治地位不言而喻，CTR 中国网民行为分析平台的数据显示，从总体上看，2017 年微信在中国网民中的覆盖率①已经达到了 94.5%，比 2016 年增长了 1.2 个百分点，可以说有网络的地方就一定有微信。微信的日活跃度②也从 2016 年的 56.8%，增长到 2017 年的 59.9%，渗透率和日活跃度均有继续攀升。但在作为网络主体的年轻人当中，虽然微信日活跃度保持增长，但覆盖率略有下降（见图 2-3-1 和图 2-3-2）。

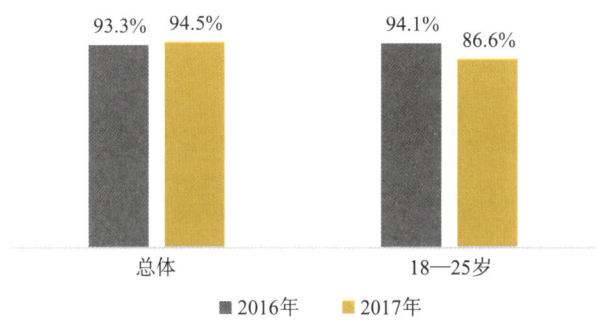

图 2-3-1　2016 年和 2017 年微信在中国网民中的渗透率

数据来源：CTR 中国网民行为分析平台（Smart DMP），数据期：2016 年 4 月，2017 年 4 月。

2. 微博对网民的覆盖率有所增加，且在年轻网民中的影响力上升更快

因为微信而曾被边缘的微博，亦占据着社交媒体中重要的受众资源。2016 年时，微博在整体网民中的覆盖率为 32%，2017 年时增长到了 35.7%。与此同时，微博的日活跃度也有较为明显的提升，从 2016 年的 8.2% 到 2017 年的 9.8%（见图 2-3-3）。

---

① 覆盖率：指某月份使用某应用网民在当月所有网民中的占比。
② 日活跃度：某月份某应用的日均用户数在当月所有网民中的占比。

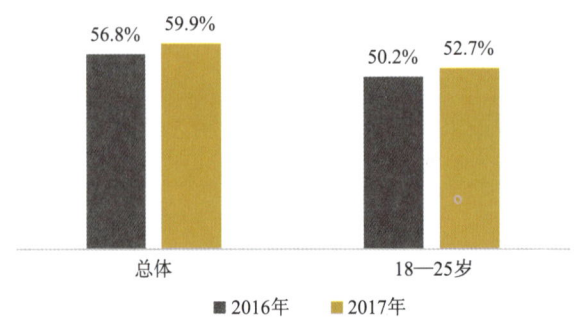

图2-3-2 2016年和2017年微信在中国网民中的日活跃度

数据来源：CTR中国网民行为分析平台（Smart DMP），数据期：2016年4月，2017年4月。

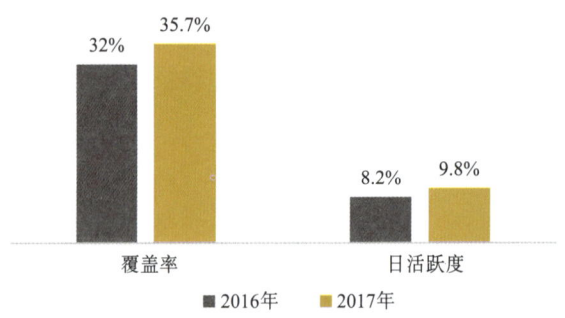

图2-3-3 2016年和2017年微博在中国网民中的渗透率和日活跃度

数据来源：CTR中国网民行为分析平台（Smart DMP），数据期：2016年4月，2017年4月。

从用户年龄段来看，微博在年轻人群中占据明显的优势，尤其是90后，渗透率高达64.8%，甚至比排名第二的80后高出20.8个百分点（见图2-3-4）。

3. QQ对网民的覆盖率保持平稳，年轻网民用户增长

QQ作为当代社交媒体的元老，在整体网民中的覆盖率近几年保持平稳态势。2017年，QQ在中国网民中的覆盖率为83.6%，较2016年略有下滑；从日活跃度来看，2017年QQ的日活跃度较2016年增长了2.2个百分点，总体上保持平稳态势。相较于总体，QQ在年轻人群中的渗透率和日活跃度近两年均有所上升（见图2-3-5和图2-3-6）。

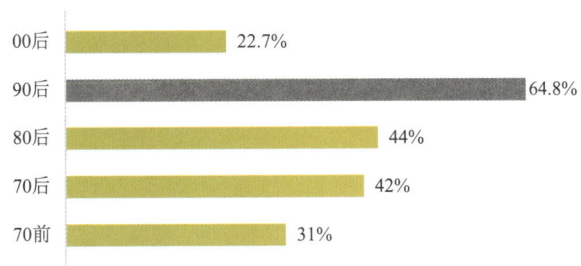

图 2-3-4 2017 年微博在中国不同年龄段网民中的渗透率

数据来源：CTR 中国网民行为分析平台（Smart DMP），数据期：2017 年 4 月。

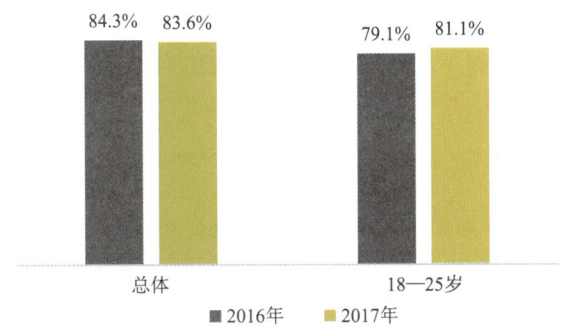

图 2-3-5 2016 年和 2017 年 QQ 在中国网民中的渗透率

数据来源：CTR 中国网民行为分析平台（Smart DMP），数据期：2016 年 4 月，2017 年 4 月。

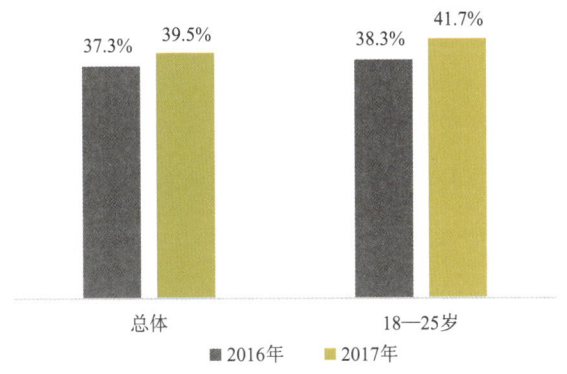

图 2-3-6 2016 年和 2017 年 QQ 在中国网民中的日活跃度

数据来源：CTR 中国网民行为分析平台（Smart DMP），数据期：2016 年 4 月，2017 年 4 月。

(二) 社交媒体向大龄群体渗透，正能量价值观增强

1. 社交媒体在中老年群体中的使用率增长更为明显

随着互联网的普及和蔓延，依据于网络的各类社交媒体不仅仅牢牢把握住年轻受众，而且迅速向大龄群体渗透。中国城市居民调查CNRS[①]数据显示：社交媒体用户的平均年龄从2015年的31.2岁提高到2016年的32.4岁，而到2017年受众的平均年龄更是增加到了33.1岁。从具体年龄段来看，2017年相较于2016年，社交媒体在较大年龄段中的使用率[②]比年轻群体更高。40岁以前的受众社交媒体使用率的增长百分比均未超过7%，而40—49岁的用户数增长百分比为12.1%，50—59岁用户数增长百分比为28.3%，到60岁以上的用户数增长百分比更是达到了38.2%（见表2-3-1）。

表2-3-1　2016年和2017年社交媒体在各年龄段的使用率

	2016年（%）	2017年（%）	增长百分点	用户数增长率（%）
15—19岁	66.9	69.4	2.5	3.7
20—29岁	75.8	77.3	1.5	1.9
30—39岁	57.7	61.4	3.7	6.3
40—49岁	56.9	63.8	6.9	12.1
50—59岁	26.7	34.2	7.5	28.3
60岁及以上	9.7	13.4	3.7	38.2

数据来源：CTR中国城市居民调查CNRS，数据期：2014年7月至2015年6月，2015年7月至2016年6月，2016年4月至2017年3月。

2. 社交媒体用户越来越呈现出更为积极的心态和具有正能量的价值观

从CNRS生活形态语句可以看出，使用社交媒体时，用户呈现出

---

① CNRS中国城市居民调查（China National Resident Survey），是中国规模最大、调查范围最广的连续性同源研究项目。自1999年创立至今，持续18年对中国近2亿居民（覆盖1—4线60城市）的媒介接触及产品消费进行监测研究。作为Kantar TGI全球项目的重要组成部分，CNRS秉承TGI在研究技术、项目执行及分析系统上的国际先进水准，已成为广大客户在营销领域进行用户画像、品牌定位、跨媒体广告投放及生活形态趋势分析的必备工具和货币数据产品。

② 使用率：城市居民中，社交媒体的日用户数占居民总数之比。

较为明显的特点。"注重外在美"愈加成为女性社交媒体用户的重要选择,同时对于内在美的价值也越来越认同,且对公益活动的态度更为积极,这展现出社交媒体用户积极的心态和具有正能量的价值观(见表2-3-2)。

表2-3-2　2016—2017年社交媒体用户对生活形态语句的同意倾向(INDEX指数)

生活形态语句	2016年	2017年
我不化妆不能出门(女)	126	127
我愿意参加社会公益活动	108	111
美丽来自于内在	107	110

数据来源:《CNRS中国城市居民调查》2015年7月至2016年6月,2016年4月至2017年3月。

二、用户对社交媒体的态度

(一) 社交媒体无处不在

1. 广义社交媒体的九个小分类

不仅微信、微博、QQ以及陌陌等这些具有明显通讯社交功能的媒体属于社交媒体,论坛、视频、新闻甚至电商类型的媒体,通过评论、弹幕等形式,也具有了社交功能。具有社交功能的媒体在广义上都可以称之为社交媒体。在这个意义上,我们把社交媒体分为以下九个小类:

(1) 微信;

(2) 微博;

(3) 交友类社交媒体(如陌陌、世纪佳缘、珍爱网等);

(4) 通讯社交类媒体(如QQ、LINE、米聊、无秘等,不包括微信);

(5) 论坛类社交媒体(如百度贴吧、天涯、QQ空间、豆瓣、人人、Facebook 等）；

（6）生活类社交媒体（如美团、去哪儿、携程、大众点评等）；

（7）带有社交评论功能的新闻类媒体（如今日头条、腾讯新闻、网易新闻等可评论的新闻 APP）；

（8）带有社交评论功能的电商类媒体（如淘宝、京东、小红书等）；

（9）带有社交评论功能的视频或直播平台（如优酷、哔哩哔哩、斗鱼 TV 等）。

2. 以芒果 TV 为代表的视频类媒体在年轻网民渗透率更高

视频类媒体特别是直播类媒体以评论、弹幕、直播等形式，具备了很强的社交属性。从广义上可归于具有社交功能的媒体。芒果 TV 等视频类社交媒体对年轻网民有更高的覆盖率，2017 年芒果 TV 移动 APP 网民的覆盖率比 2016 年增长了 76.4%（见图 2-3-7）。

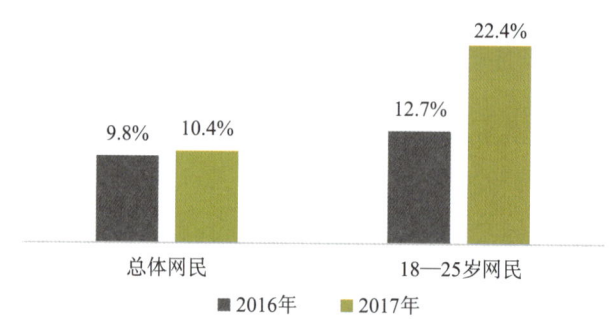

图 2-3-7 2016 年和 2017 年芒果 TV 移动 APP 对网民的覆盖率

数据来源：CTR 中国网民行为分析平台（Smart DMP），数据期：2016 年 4 月，2017 年 4 月。

3. 以今日头条为代表的带有社交评论功能的新闻类媒体用户增长迅猛

今日头条 APP 通过问答、评论等形式，本身已经具有了强大的社交功能，从广义上讲也可以归为具有社交功能的媒体。今日头条用户增长迅猛。2017 年今日头条的用户覆盖率达到 28%，是 2016 年的 2.14 倍；与此同时，今日头条的日活跃度也从 2016 年的 4.2%，增长到了2017年7.6%,增长了81%(见图2-3-8)。

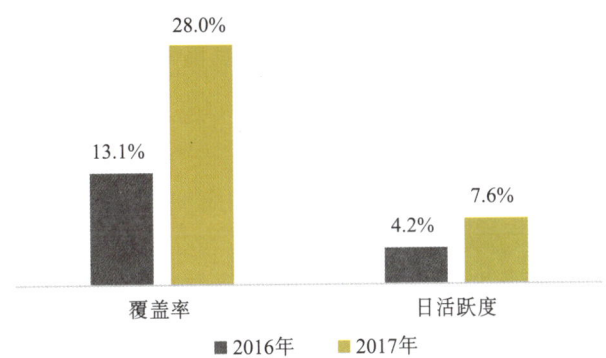

图2-3-8　2016—2017年网民对今日头条的使用情况

数据来源:CTR中国网民行为分析平台(Smart DMP),数据期:2016年4月,2017年4月。

从用户画像来看,今日头条用户中男性占比更多,近7成;25—34岁的青年群体更多,占比达到41%;二线及三线及以下城市的渗透率均为40%,均是一线城市受众的两倍(见图2-3-9)。

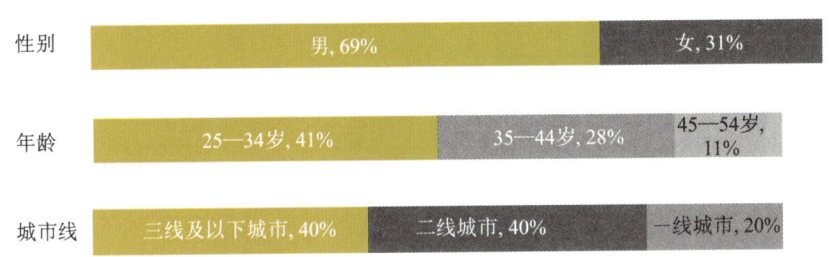

图2-3-9　2017年今日头条的用户画像

数据来源:CTR中国网民行为分析平台(Smart DMP),数据期:2017年4月。

(二) 社交媒体对用户生活改变的博弈

社交媒体的普及与发展,或者说深入用户生活的方方面面,深刻地改变了用户的生活方式。在评价社交媒体用户到底是让用户的生活变好还是变坏时，用户给社交媒体对自己生活积极程度的总评价得分①为79.8分。显然，用户对社交媒体总体是持积极态度的。

1. 社交媒体的意义远超出社交本身，更重要的是可以加强沟通、了解社会热点及增长知识

社交媒体对网民的生活有多重的积极作用，它的意义已经远超出了社交本身。能随时了解朋友的动态，进而加强了与朋友家人之间的联系和沟通，这无疑成为社交媒体更为重要功能；与此同时，社交媒体也可以使用户增长知识和见闻，方便人们更快的了解社会热点、增长知识等（见图2-3-10）。

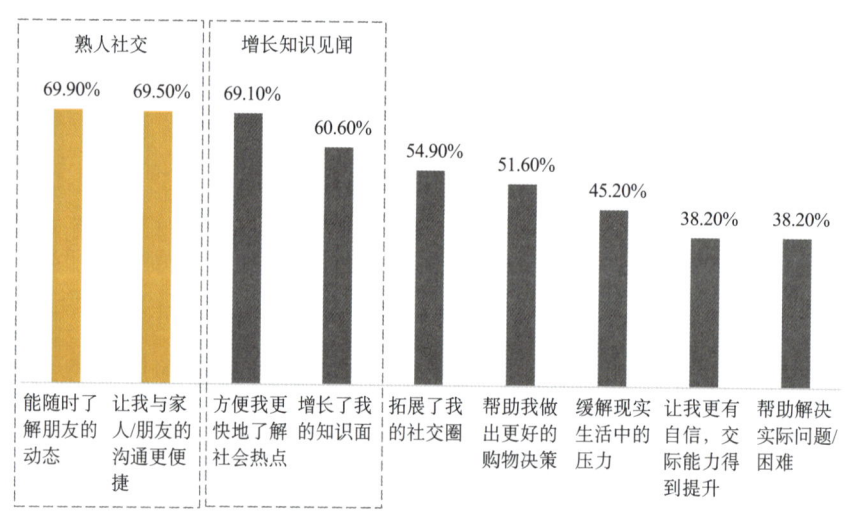

图2-3-10　社交媒体给人们生活带来的积极影响

数据来源：CTR网络调研，N=2010。

值得注意的是，社交媒体在帮助用户缓解现实生活中的压力，提升自信、增强交际能力，以及帮助进行购物决策等方面，对女性较男性有更强的作用（见图2-3-11）。

---

① 总评价得分为各类社交媒体评价得分的加权平均分。用户对各个类型的社交媒体依据对自身生活的影响积极程度进行打分，然后将各类媒体的使用率归一化处理后作为权重，计算出最终加权平均得分。

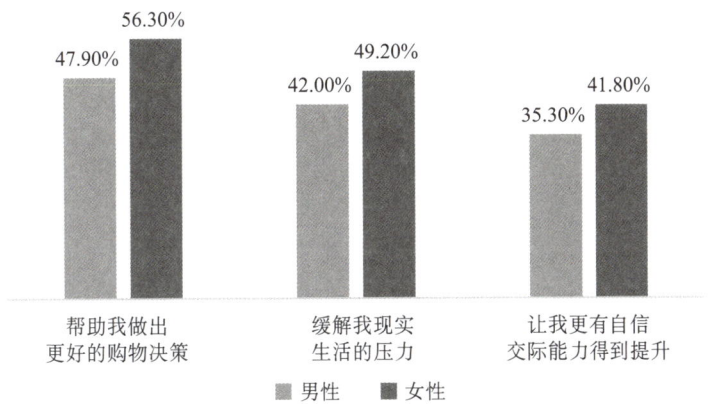

图 2-3-11 社交媒体给不同性别受众生活带来的积极影响

数据来源：CTR 网络调研，BASE：N（男性）=980，N（女性）=1030。

此外，年轻人更依赖借助社交媒体缓解压力，认为社交媒体的积极影响体现在"缓解现实生活中的压力"的比例过半；而成熟人士则更看重社交媒体在沟通中的作用，70 后认为"社交媒体让我与家人/朋友的沟通更便捷"的比例为 71%，70 前更是达到了 81%（见图 2-3-12 和图 2-3-13）。

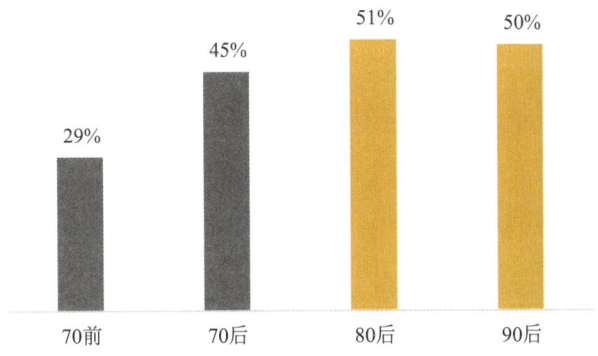

图 2-3-12 社交媒体给不同年龄段受众缓解生活压力方面的积极影响

数据来源：CTR 网络调研，BASE：N（70 前）=307，N（70 后）=496，N（80 后）=748，N（90 后）=444。

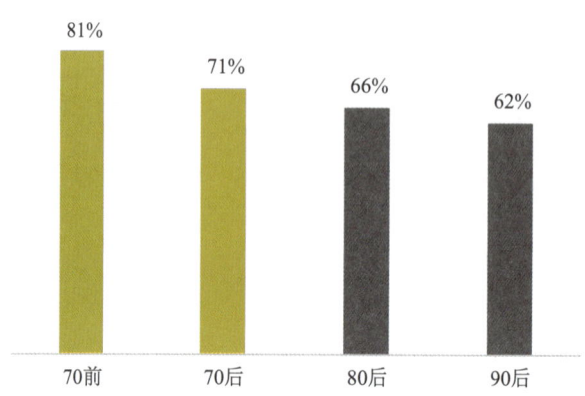

图2-3-13 社交媒体使不同年龄段受众与家人/
朋友沟通更便捷方面的积极影响

数据来源：CTR网络调研，BASE：N（70前）=307，N（70后）=496，N（80后）=748，N（90后）=444。

2. 社交媒体在使人们享受便利的同时，也带来了深刻的困扰

在享受便利的同时，社交媒体也给用户带来了深刻的困扰。数据显示，89%的用户认为社交媒体给他们的生活带来了消极的影响。最主要的影响体现在以下方面：减少了阅读纸质书籍的时间，对睡眠、视力等健康方面的影响，对个人注意力集中方面的影响，以及对个人隐私安全方面的困扰等（见图2-3-14）。

总体来看，年轻用户对社交媒体的负面影响感知更为深刻。虚拟社交使人变得空虚和浮躁，不利于注意力集中，极易受到网上负面价值观以及朋友圈别人家的生活让人心情不爽等负面影响，年轻的80后尤其是90后群体，尤其感受深刻。足见，社交媒体的负面影响对年轻人有更为深刻的影响（见图2-3-15）。

在感知到社交媒体消极面的用户中，接近九成的用户会想办法降低这种负面影响。事实上，多数人都已成为手机的奴隶，只是程度不同而已。只有自律，才能避免中毒太深。数据显示，89%的用户会主动采取措施，以避免社交媒体带来的负面影响。比如有意识地降低次数和总时长，有事情才看、没事情不看手机；比如在陪伴家人或者工

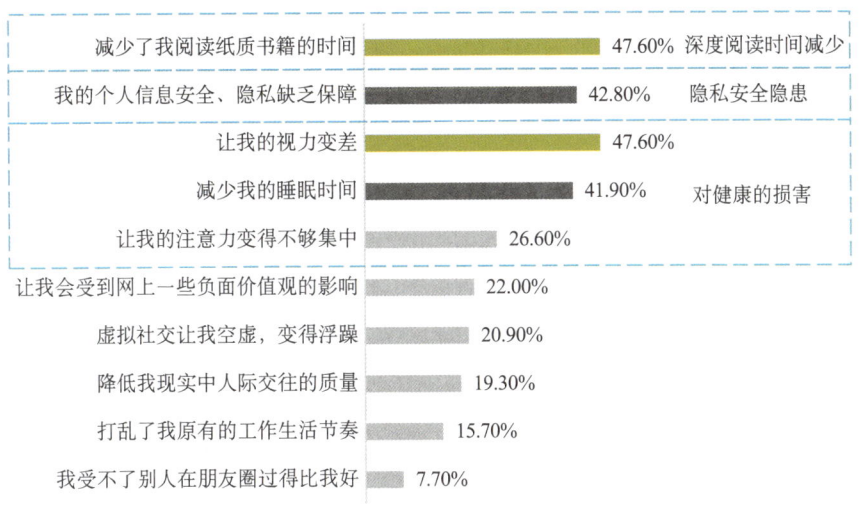

图2-3-14 社交媒体对用户的消极影响

数据来源：CTR网络调研，N=2010。

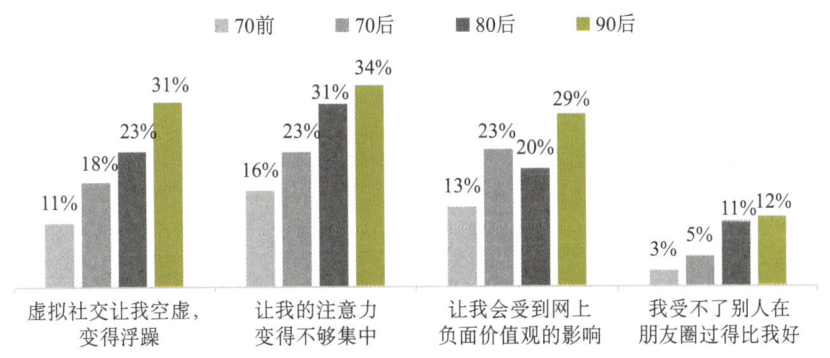

图2-3-15 社交媒体给不同年龄段受众带来的消极影响

数据来源：CTR网络调研，BASE：N（70前）=307，N（70后）=496，N（80后）=748，N（90后）=444。

作等特定场合或时间内控制自己不接触手机中的社交媒体；比如关闭不必要的APP推送等等措施，都可以在一定程度上摆脱以手机为载体的社交媒体的负面影响，还一个正常、和谐的生活状态（见图2-3-16）。

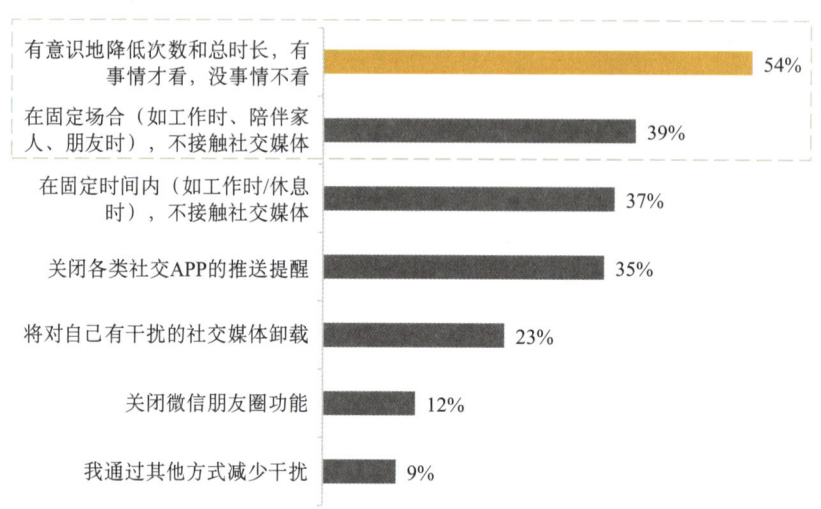

图 2 - 3 - 16　用户在感受到社交媒体负面影响时采取的具体措施

数据来源：CTR 网络调研，N = 1915。

相对而言，年轻用户会更为积极地以各种方式降低社交媒体的负面影响。90 后中，近四成用户表示会关闭社交媒体的推送提醒（见图 2 - 3 - 17 和图 2 - 3 - 18）。

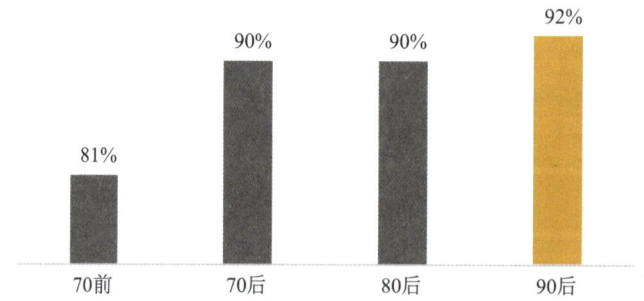

图 2 - 3 - 17　不同年龄段会采取措施降低社交媒体负面影响的比例

数据来源：CTR 网络调研，BASE：N（70 前）= 307，N（70 后）= 496，N（80 后）= 748，N（90 后）= 444。

此外，在个人隐私方面，超过 95% 的用户在社交媒体上提及个人信息时会保持不同程度的警惕。具体体现在为了保护隐私，只看不说

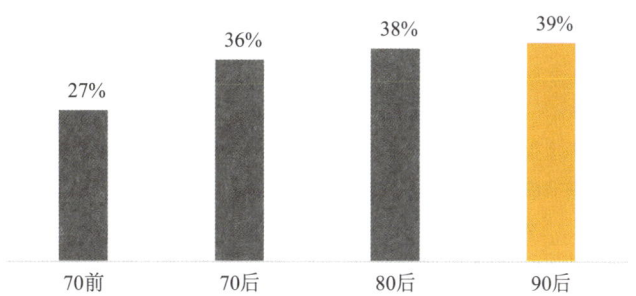

图 2-3-18　不同年龄段关闭社交 APP 推送提醒的比例

数据来源：CTR 网络调研，BASE：N（70 前）= 307，N（70 后）= 496，N（80 后）= 748，N（90 后）= 444。

话；为了保护隐私，在社交媒体上发言尽可能不提及任何与自身相关的信息，并不泄露最重要的个人信息等等。这其中，90 后对于个人重要信息的保密性较总体有更强的认知（见图 2-3-19）。

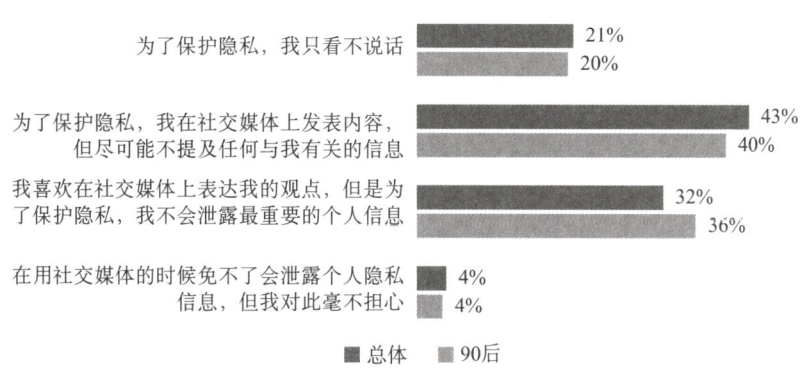

图 2-3-19　对隐私的担忧程度，总体和 90 后群体的对比情况

数据来源：CTR 网络调研，N = 2010。

（三）绝大多数用户会有选择性地观看社交媒体上的广告

对于广告，绝大部分社交用户会有选择性地观看。影响选择的第一个因素是广告是否"幽默有趣"，这表明广告创意是影响广告传播的非常重要的因素，占比达到 61%。第二个影响因素是广告是否与受众相关——包括与受众自身相关，或者与受众兴趣相关（产品、人物等）。

可见，广告投放的精准性对广告效果有重要的影响（见图2-3-20）。

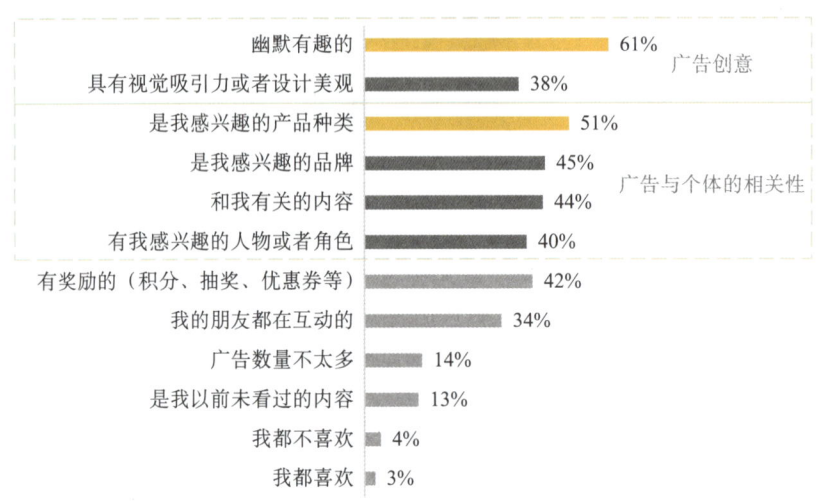

图2-3-20　用户在社交媒体上感兴趣的广告类型

数据来源：CTR网络调研，N=2010。

在讨论广告与自身相关性时，大部分用户给出了积极的反馈。其中21%的用户表示广告与自己比较相关；认为广告与自身相关性可以接受的比例过半（见图2-3-21）。

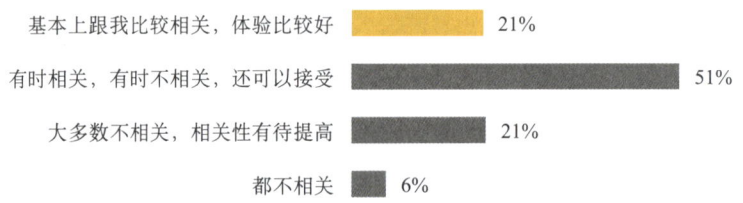

图2-3-21　用户在社交媒体上看到的广告与自身的相关性

数据来源：CTR网络调研，N=2010。

（四）不同类型社交媒体对人们生活产生不同程度的影响

随着社交媒体在中国不断发展，这一形态已经成为一个生态系统。虽然微信依然是社交媒体领域的统治者，但其用户增长已经大幅放慢。

微博迎来了复兴,而更多垂直领域的社交媒体产品不断出现。与此同时,其他互联网巨头们也在不断改进各自产品的社交功能。

由于微信的统治级地位,它被作为单独一个小分类进行调查。微信得到了九个小分类中最高的83.5分。生活服务类社交媒体(如大众点评,携程,美团,去哪儿)得到了第二高的81.7分,电子商务平台的社交功能得分第三高(81.2分)(见图2-3-22)。

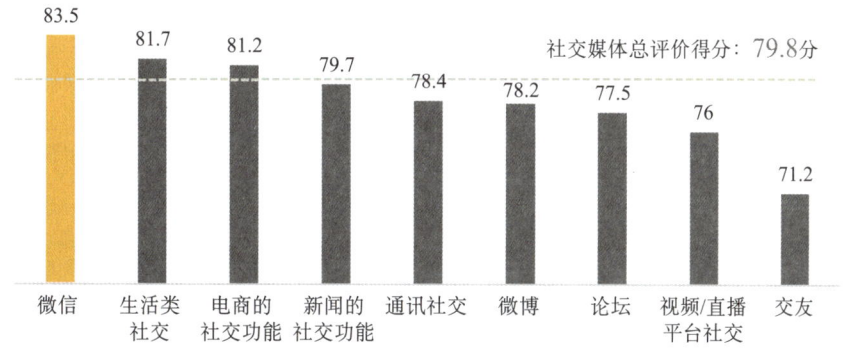

图2-3-22 各类社交媒体对用户的积极程度评分(百分制)

数据来源:CTR 网络调研,N = 1816,N = 1085,N = 1142,N = 1069,N = 1293,N = 1001,N = 988,N = 781,N = 404。

此外,从社交媒体评价和使用率的综合散点图来看,微信在使用率和用户评价上都表现突出,而交友类媒体在这两方面差强人意。生活类社交媒体虽然使用率低于平均水平,但评价得分较高,仅次于微信(见图2-3-23)。

1. 微信广受好评,在使用率和用户评价上都表现突出

微信得到了九个小分类中最高的83.5分,在使用率和用户评价上都表现突出,而且无论是以年龄、性别还是城市级别划分,微信的得分都很高,均在82分以上,其中评分最高的当属于一线城市,给微信的评分达到了85.9分(见图2-3-24)。

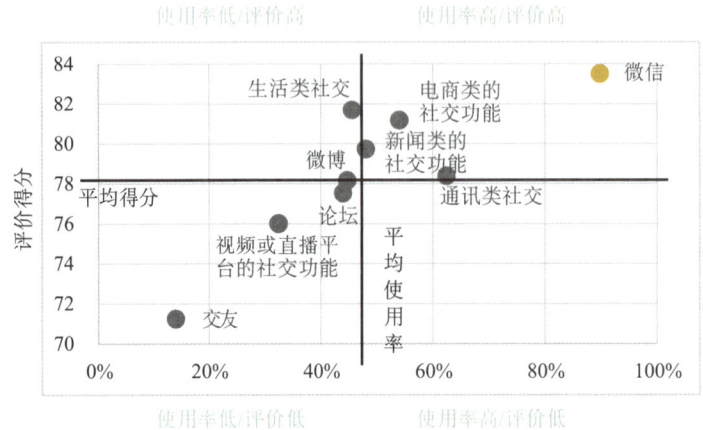

图 2-3-23　各类社交媒体评价与使用率散点图

数据来源：CTR 网络调研。

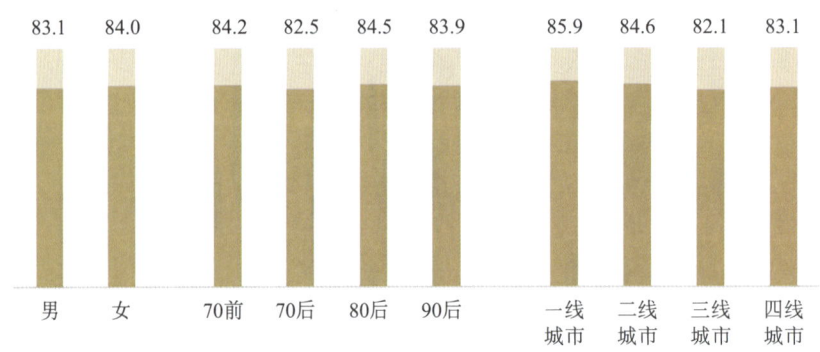

图 2-3-24　不同群体用户对微信的评价得分（百分制）

数据来源：CTR 网络调研，N=1618。

2. 年轻用户更倾向微博

由于微信崛起而曾经边缘化的微博近期在用户数和评价上都出现了反弹。数据显示，越是年轻的人群对微博的评分越高。90 后对微博的打分达到了 79.3 分（见图 2-3-25）。

3. 交友类媒体更受 80 后的青睐

80 后用户对交友类媒体的评价更好，这与他们所处年龄阶段的需

图 2-3-25 不同年龄用户对微博的评价得分（百分制）

数据来源：CTR 网络调研，N=1001。

求有关联。80 后正处在择偶求婚的重要阶段，对各类交友类的媒体关注更多。数据显示，80 后对交友类媒体的评分为 73.5 分，是所有年龄段给出的最高分（见图 2-3-26）。

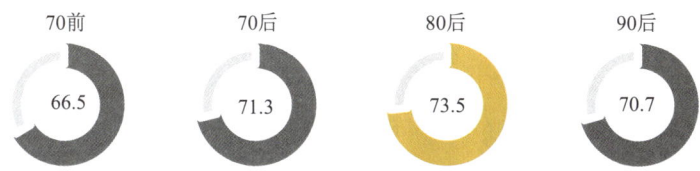

图 2-3-26 不同年龄用户对交友类媒体的评价得分（百分制）

数据来源：CTR 网络调研，N=404。

4. 视频/直播平台俘获 80 后和 90 后的芳心

相对而言，视频/直播平台更受到 80 后和 90 后年轻用户的青睐。80 后对视频/直播平台的评分最高为 78.2 分，其次就是 90 后，评分为 76.9 分（见图 2-3-27）。

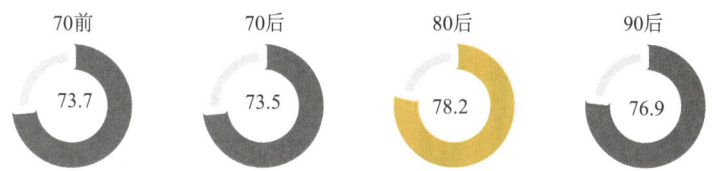

图 2-3-27 不同年龄用户对视频/直播平台的社交功能的评价得分（百分制）

数据来源：CTR 网络调研，N=781。

5. 新闻类媒体在一线城市更有受众市场

新闻类媒体的评价得分为 79.7 分。其中一线城市用户评价更高，为82.3分,70前、80后以及二线和四线城市对新闻类媒体的评分均超过80分(见图2-3-28)。

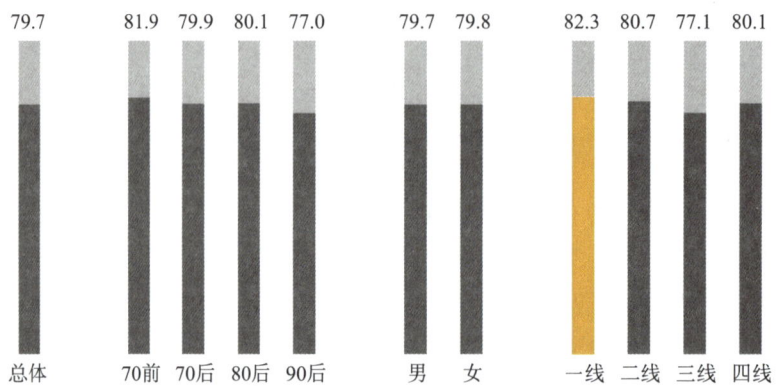

图2-3-28 不同群体用户对新闻的社交功能的评价得分(百分制)

数据来源:CTR网络调研,N=1069。

(作者:李英超,CTR媒介与消费行为研究)

IP 热潮下,中国电影现状

——以 2016 年暑期档电影市场为缩影

《战狼2》的破纪录成绩为原本平静的电影 2017 年暑期档注入了一剂强心剂,已成颓势的中国电影暑期档似乎再次看到了新的希望。而与其形成鲜明对比的是借助 IP + 小鲜肉模式却因锁场而被人诟病的电影版《三生三世十里桃花》,这不禁让人回想起这几年中国电影高歌猛进的背景下,却充斥着 IP 电影而意外跌落的 2016 年电影暑期档。

2016 年暑期档票房虽然较 2015 年只下降了几百万元,但这次近五年暑期票房的首次下跌为原本高歌猛进的电影市场泼了一盆冷水,对于电影发展的质疑声开始不绝于耳,尤其是近几年一直火爆并在 2016 年呈现爆发式增长的 IP 电影。原本就一直饱受诟病的 IP 改编电影在这一特殊时期再一次被大众推上了风口浪尖。已占据中国电影市场重要份额的 IP 电影遇到了自出现以来最为猛烈的抨击,那么作为新生形态的 IP 电影在如今火爆发展的中国电影市场遇到了哪些水土不服?这一备受争议的电影形式未来究竟该如何突破瓶颈?今天就带领大家从市场研究的角度,以 2016 年暑期档电影市场为背景,对 IP 电影的发展进行一下解读。

首先我们还是回顾一下 2016 年暑期档票房市场的业绩,2016 年 6

月至8月国内票房总收入为124.29亿元,较上年同期的124.31亿元基本持平。其中7月的票房收入下降明显,只有45.1亿元,比去年同期整整少了10亿元。从观影人次来看,2016年暑期档观影为3.73亿人次,比较去年的3.55亿人次,略微上升5.1%(见图2-4-1)。

图2-4-1 2010—2016年暑期档(6—8月)电影票房走势

数据来源:根据网络数据整理。

在2016年暑期档上映的百部影片中,国产片有82部,其中IP电影依然占有重要份额,然而从票房表现来看,除了拥有十几年读者粉丝沉淀的大IP《盗墓笔记》外(票房唯一突破5亿元的国产IP电影),其余像《致青春2》只收获3.37亿元票房,网络热门小说改编的《微微一笑很倾城》2.5亿元、《夏有乔木雅望天堂》1.5亿元,《泡沫之夏》甚至只有区区800万元的票房,这相比于去年同期票房前五影片中国产3部影片均为IP电影,票房合计突破45亿元的成绩来说,可谓惨淡。

如果用一个简单的传播学模型(传播者—传播媒介—受众—传播环境)来展现电影市场的涉及因素,可以描绘为"影片—院线—受众—环境"四大因素。影片作为电影市场的原始传播源,其本身的质量、宣传效果会直接影响后期市场的表现,是对票房情况的最大影响因素;院线是影片传播的基本场所,院线对于各影片的排片率是直接影响票房的重要因素,但因排片率更多涉及商业经营因素,人为原因更多,所以这里不做分析。受众是影片票房的直接体现,受众的人群结构、观影行为、观影感受直接影响未来影片的票房走向，所以清晰了解影片目标受众也是电影市场需要重点研究的内容。市场环境对于电影票房往往也具有决定性影响，近几年电影市场的快速发展即是在宏观经济环境向好的大背景下产生的，影片上映的舆论环境也会左右影片的观影人群，例如建国、建党周年时期相应的献礼片也会在一定程度上吸引大众观看。

一、从影片、受众、环境三个方面探讨 2016 年暑期档国产 IP 电影的表现

（一）国产 IP 影片的表现

1. 烂片扎堆，粉丝效应趋冷

在 2016 年暑期上映的国产 IP 电影中，没有一部影片的豆瓣评分达到及格线（6 分/10 分制），多数影片评分都在 5 分以下，票房最为突出的《盗墓笔记》评分也只有 4.9 分，这在观众的普遍认识中，已经可以归为是烂片了。演员阵容最为强大的《封神传奇》，拥有着"封神演义"这一大 IP 的年度大片，也遭遇了票房口碑的双重打击，豆瓣评分甚至低至 3 分，生生将"封神"这一绝佳题材浪费了。其他热门 IP 电影，像《夏有乔木雅望天堂》、《致青春2》、《微微一笑很倾城》评分都在 5 分以下，均被视为烂片。

面对暑期国产 IP 影片差强人意的表现，电影市场一直以来的"忠粉效应"、"自来水"军，这次也变得消沉了，如果电影本身没有可值得称赞的地方，即使其 IP 原有的读者、玩家可以支撑起一定的市场空间，但缺乏后续口碑推广，持续的观影支撑力度不足，慢慢地也会导致电影高开低走，影片会因其有限的受众市场而无法提升票房。曾经"欠×××一张电影票"等营销方式，也会因为作品本身不给力而无法达到需要的宣传底气，而且在作品已处于差评表现的情况下再做过度的感情影响反而可能会适得其反，进一步伤害到观众的心，这时粉丝

效应在烂片面前就变得失效了。

2. IP 剧本 + 小鲜肉模式造成影片同质化严重

随着"小时代"系列及《致青春》、《同桌的你》等由小说、歌曲改编成的作品在市场上赚得盆满钵满，IP 电影热潮在各种因素作用下来临，同时既很好切合青春、偶像电影主题，又拥有大量粉丝、自带票房保证的"小鲜肉"们也自然成为电影厂商争相拉拢的主力演员，由此以 IP 剧本为核心的小鲜肉电影成为中国电影市场新的制片模式。

然而多以青春为主题的电影剧情，不但使电影内容本身过于雷同，国内市场主要的几位"小鲜肉"演员过多地穿插于这类影片，造成演员形象也一直徘徊于固定的几个人，甚至其演技也多以呆、萌、耍帅为主，使得整个电影市场看过来都大同小异，没多大差别，如此带给观众的只有乏味和审美的疲劳。

在 2016 年暑期档中就有两部这样的电影——《夏有乔木雅望天堂》和《致青春2》，它们均为青春题材影片，男主角均为当今"小鲜肉"演员的代表——吴亦凡，雷同的影片题材、相同的影片演员、同样的演出形式，使得两部影片如出一辙，其带给观众的感受也可想而知。

近乎流水线产品的 IP 电影模式在近几年电影市场一直发展迅速，投资周期短、回报率高使得 IP 电影成为众多追求快速变现的电影厂商们的市场宠儿，然而这种只考虑赚钱全然不顾大众观影感受的投机行为，终于使人们的忍耐达到极限，人们不再为 IP 所带来的那一丝丝所谓"情怀"而在电影院苦受那 2 个小时的煎熬，不真正为观众拍摄的电影终将也不会被观众所接受。

（二）受众观影理性回归

1. IP 情结趋冷，观影理性回归

曾几何时，《致青春》带给了我们对青春的美好回忆，《栀子花开》使我们有机会为自己喜爱的偶像偿还情意，《大圣归来》让我们看到了国产动画片的一丝希望。那么往后的电影似乎越来越少能有宣传噱头说服观众们走进电影院。近几年过多的青春、记忆情结透支了观众的电影情感。年轻时期那些美妙的歌曲、浮于纸面的文字带给我们的是无限的遐想和对美好的向往，在最开始接触 IP 改编电影时，人们更多是期望电影能够重新带给他们年少时的那些记忆和幻想，然而随着电影厂商滥用 IP 导致连年推出 IP 烂片，IP 一词渐渐从一个专业名词演变为电影烂片的代名词，人们一看到是 IP 改编电影，第一直觉便是"这又是一部烂片"，这也就导致人们对 IP 电影的期望值严重下降，多以 IP 出身的青春偶像电影便慢慢地受其影响，被观众所抵触。CNRS - TGI（中国城市居民调查）数据调查也可以明显看出电影受众对于青春片的喜爱程度正在慢慢下降（见图 2 - 4 - 2）。

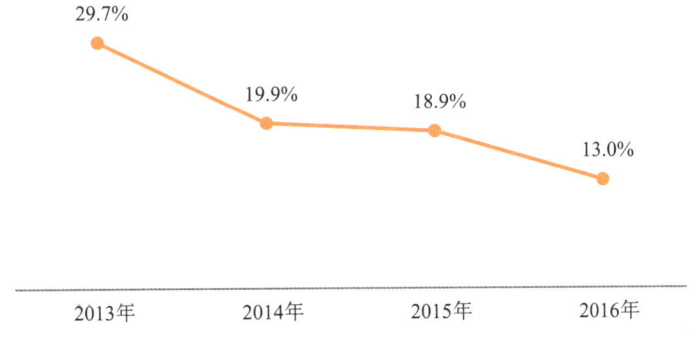

图 2 - 4 - 2　喜欢观看青春片的电影受众占比变化趋势

数据来源：CNRS - TGI（中国城市居民调查）2013—2016 年。

青春偶像片的关注度下降会使得观众慢慢寄情于其他类型影片，随着中国电影市场的持续火热，电影上映数量的连年攀升，电影市场似乎正在演变为一个成熟的商品市场，人们对于影片感情寄托的慢慢淡化使得大家开始越来越关注影片本身的内容质量，好的 IP 和演员选择不再绝对是影片的票房保证，真正能满足消费者观影需求的影片才会被大家所喜爱，像去年的《大圣归来》、《夏洛特烦恼》等一系列 IP 影片即是极好佐证。消费者正在慢慢地理性对待 IP 电影。

2. 社交娱乐多元化，观影转向其他娱乐方式

自电影技术发明以来，电影即被大众看作是重要的休闲娱乐方式，从过去的露天电影院，到现在的IMAX、3D、巨幕电影院，电影技术的快速发展也使得人们越来越热衷于在茶余饭后，走进附近商圈的院线，观看一部近期热映的影片。CNRS – TGI 调查数据显示，大众观影行为多以情侣或者同事/朋友一同观看为主，这也可以明显看出，看电影对于大家更多的是社交、休闲的一种方式（见图2 – 4 – 3）。

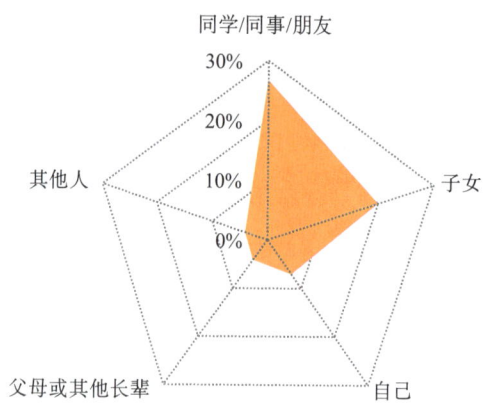

图2 – 4 – 3　通常与谁一起看电影

数据来源：CNRS – TGI（中国城市居民调查）2016年。

然而随着社交娱乐形式的多元化，以及人们更多地参与健身、旅游、网络视频直播等娱乐行为，选择观看电影作为休闲社交需要的人群似乎正在慢慢减少。同时，由于没有优秀影片的吸引，大众越来越多地转向其他休闲娱乐方式。人们娱乐方式的转变似乎也是2016年暑期档票房没有持续增长的原因（见图2 – 4 – 4）。

（三）环境方面的影响

1. 多事之夏，奥运会、G20分散大众关注度

作为四年一度的全球体育盛世，奥运会的受关注程度永远是毋庸置疑的，很难有其他事件能够阻挡人们对奥运会的关注热情，而上一

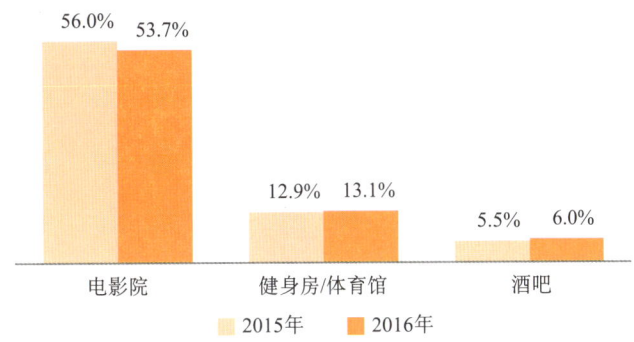

图 2-4-4 电影受众周末通常回去的商业场所

数据来源：CNRS-TGI（中国城市居民调查）2015—2016 年。

次伦敦奥运会期间中国电影市场不尽如人意的表现同样也隐约印证了这一观点。奥运会余温未尽，紧接着便又是 G20 杭州峰会的召开，一连串的国际性事件使得本身就表现不佳的电影市场被进一步分散注意，曾经是制造影片轰动效果的媒体宣传工具，如今却成为影响电影市场发展的巨大障碍。

IP 电影作为近几年才提出的新名词其实只是对电影的制作类型做了区分，IP 是英文"Intellectual Property"的缩写，意为"知识产权"，泛指文化产业领域中文学小说、音乐歌曲、影视动漫、电子游戏等方面的内容版权，早先的《红高粱》《活着》等由文学作品改编的电影按照现在的定义来说都属于 IP 电影。随着近几年电影产业的快速发展，票房连年攀高，使得众多投资商纷纷涌入电影市场，但他们大多缺乏电影制作热情，只是把电影作为投资赚钱的工具，收益快、回报高才是他们投资电影的初衷。没有足够的电影制作时间，缺乏对电影应有的艺术创作追求，这才是导致 IP 电影粗制滥造、口碑极差的根本原因。但如果抛开这些，IP 电影其实有着极好的发展潜力。

2. 大众对于国产电影的逐步倾向，奠定了国产 IP 电影的市场基础

在中国电影产业快速发展的今天，IP 电影，尤其是国产 IP 电影有着极其好的市场基础，随着近几年国产电影的崛起，大众对于国产电影的热情正在持续高涨，对于国产电影的倾向性也在越来越强，CNRS-

TGI调查数据显示，过去一直受影迷们喜爱的美国好莱坞以及香港电影，近几年喜爱度正在缓慢下滑，而喜欢看内地影片的受众占比正在快速增长中，内地电影越来越受大众的喜爱对于国产IP电影发展有着极大的推动作用（见图2-4-5）。

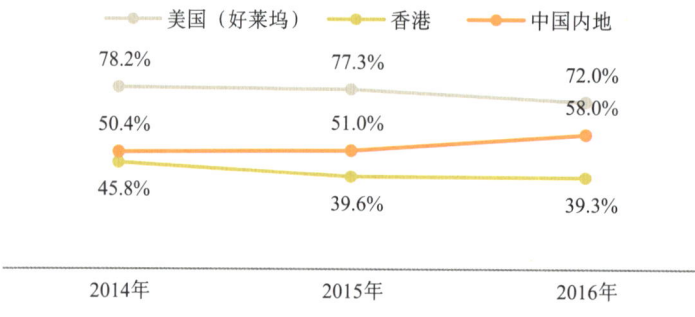

图2-4-5 喜欢看哪些国家和地区的电影

数据来源：CNRS-TGI（中国城市居民调查）2014—2016年。

3. IP电影提出了新的电影制作思维，开拓了电影发展新思路

过去我们一讲到国产热门影片，最先想到的就是某某大导演、某某大影星的电影，历年高票房影片往往都出自张、冯、陈三大导演的电影，甚至一度将每年冯小刚导演的喜剧片与寒假贺岁档相挂钩，一到每年寒假必然会想到冯氏贺岁喜剧。过去的电影制作属于"导演思维"，亦或"作品思维"，导演提供什么项目，电影公司就得投资什么项目，影片的核心是导演，所以只有具有票房保证的导演才有可能获得投资项目，然而这往往就造成那些没有市场经验的新生代青年导演很少有拍电影的机会，很容易导致电影产业后继乏力的状况。

而IP电影的生产思路则是"用户模式"，研发用户需求，观众需要什么我再去生产什么，通过借用IP作品原有的受众基础使其转化为电影受众，这里影片的核心就转变为用户或电影受众，而导演、演员都是围绕受众需求来制作完成电影的。所以在IP电影制作思维下，我们可以更多启用能够贴合受众需求的年轻导演和演员，他们很多也属于这些IP作品下成长起的一代人，了解受众对于这些IP作品的情结，

制作出的电影会更加符合作品的粉丝心理。所以在 IP 电影新的生产模式下，对于电影市场的良性发展应当说开辟了一个很好的创新思路。

二、未来 IP 电影的去向

面对 2016 年暑期档电影市场的惨淡表现，尤其在国产 IP 改编电影口碑票房双差评的状况下，人们不禁要问国产 IP 电影是否已走到尽头，观众对于 IP 电影的情怀是否已经耗尽，未来 IP 电影将何去何从？

（一）深耕内容，好电影依然会有好票房，IP 电影并不是穷途末路

我们在哀叹暑期档 IP 电影的极差表现下，也应回顾以往，IP 电影也曾有过尚佳表现。归纳一下近几年国产 IP 电影的票房和口碑表现，我们可以清晰看出其票房成绩与其观众评价是基本呈正相关关系的，好的 IP 电影是可以创造出好的电影票房的，而且鉴于影片在上映初期既有一定的潜在受众，所以 IP 电影往往很少有被市场忽略的可能（见图 2-4-6）。

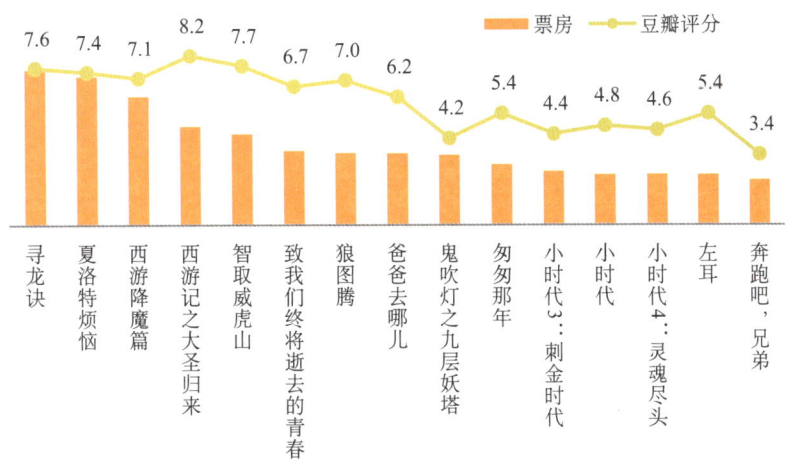

图 2-4-6　近几年部分 IP 电影票房及口碑相关性分析示意图

数据来源：根据网络资料整理。

当然，我们也清晰记得2015年《西游记之大圣归来》以及《夏洛特烦恼》所创造出的票房奇迹，作为优质IP电影的代表作品，他们都可以有力地说明IP电影虽然有被大众丑化为烂片的刻板印象，但优质的IP影片依然会被大众所追捧，IP电影依然有被大众认可的可能（见图2-4-7）。

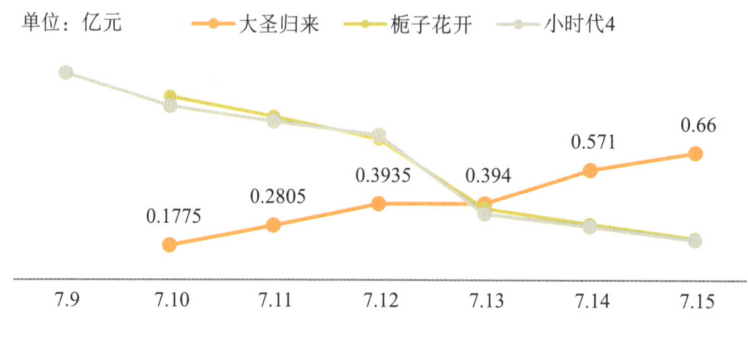

图2-4-7 《大圣归来》上映一周票房走势

数据来源：根据网络资料整理。

（二）深耕IP打造优质系列影片，IP电影一样可以成为经典

由文学作品来改编电影在国外也由来已久，但国外对于这类IP电影运用更为娴熟。直接由文学作品进行电影改编可以省去凭空创作剧本的麻烦，同时在一定程度上可以保证剧本水平，而且国外电影公司更懂得将这类IP电影的作品做成一个系列电影，从而将IP效益最大化，这里我们可以举三类系列电影例子。

第一类是独立系列电影。每部电影相互之间相对独立，但主要人物唯一，剧情架构类似，这类影片重在塑造核心人物，打造引人入胜的剧情，在视觉效果和人物形象上吸引观众的眼球，《007》即是这类电影的代表作。

第二类是分部电影。原本完整的一个电影故事分成几部电影分别叙述，各部电影再突出一个核心主题使得各部的故事情节又不显得神散，这类影片则需要对原有作品尽量细化演绎，电影作品往往场面宏大，剧情缜密，人物繁多，多为鸿篇巨制，《魔戒》是其中的经典作品。

第三类是关联性系列电影。各部电影属于独立作品,但各电影之间又存在一定的联系,往往上一部电影的剧情会影响下一部电影的发展,这类影片往往是各部电影都有一定的核心人物,其人物在各电影中又存在剧情互动,这就使得各部电影看似相对独立,但全部看下来又好像是一部完整的长篇电影,类似电视剧的叙述形式,漫威公司正在打造的漫威宇宙电影系列即是最好的代表作。

所以说恰到好处的运用 IP 不仅可以帮助电影厂商节省剧本创作精力,保证作品质量,同时还可以极大提高电影收益,甚至成为电影历史的经典作品。

(三)深耕消费者贴合市场需求,探索和挖掘市场潜质

随着中国国民生活水平的日益提升,不同年代、不同地域人群的生活、消费观念都有着极大的差异,如今的消费市场很难有一个产品可以满足所有消费者需求,市场细分需要越来越强。当今社会 00 后一代人群正在快速成长,新世纪出生的孩子们已渐渐成长为一股新生的市场消费力量,他们多是在电影火爆发展的背景中成长起来的,对于商业化的院线电影接触更早,更具接受力,他们的父母相较老一辈人们对于商业化电影也更具认同感,根据 CNRS – TGI 调查数据也可以明显看出,近几年带子女一同观看电影的人群占比正在快速提升,儿童电影市场份额正在快速增长(见图 2 – 4 – 8)。

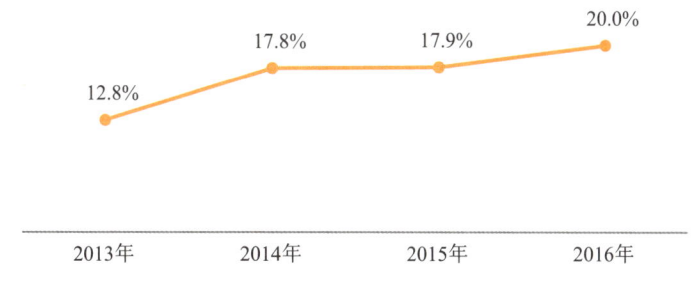

图 2 – 4 – 8 带子女看电影的电影受众占比变化趋势

数据来源:CNRS – TGI(中国城市居民调查)2013—2016 年。

然而2016年夏天在推出众多动画电影后我们发现，儿童电影市场依然表现疲软，我们细化研究可以发现暑期档推出的25部动画片中，其实鲜有面向低龄儿童的动画影片，《大鱼海棠》、《愤怒的小鸟》虽然宣传效果尚佳，但其目标观众更多为80后、90后，以及有早期国产动画电影情结的观众和最早的手游一族们。以儿童为主要受众的《冰川时代5：星际碰撞》、《海底总动员2》、《新大头儿子小头爸爸2 一日成才》等动画片却又缺乏一定的市场宣传，影片质量较其前面几部也大打折扣，面对00后儿童这一快速提升的市场，电影厂商们并没有拿出真正贴合市场需要的作品。

不光是00后市场，随着电影院线向低线城市的逐步拓展，"小镇青年"这一新生观影人群正在逐步壮大，他们多数出生更具乡土气息的村镇，地域多分布于西部地区，那么针对这部分人群，推出更能贴近他们生活的影片是否能够打开一片更大的市场领域呢？当然还有许多细分市场值得我们去探索和挖掘。

综上所述我们可以清晰认识，其实目前中国电影市场大量影片IP化并不是我们需要担忧和批判的，IP电影依然有其有利于电影产业发展的一面，如何正确地运用IP电影的这些有利优势，提升中国电影市场整体水平才是目前电影工作者们需要注重和努力的方向。

（作者：王康，CTR媒介与消费行为研究）

第3编　中国广告及营销市场趋势

3.1

2017年广告市场的"主流"和"非主流"

一直以来,我们对广告市场的解读都主要集中在主流媒体以及主流现象中。但是随着受众向用户的转化、个性化逐渐被接受等改变了营销之后,我们会看到广告市场还存在着很多的非主流。其实,主流与非主流只是一个相对的概念,是不同时间段中的不同状态。当时间范围被扩大后,主流与非主流也许就是同一类内容了。

正是基于对主流与非主流的思考,我们在梳理2017年广告市场的时候,除了常态化的内容外,也希望用一些非主流的现象来抛砖引玉,进行更广泛而深刻地讨论。

一、"主流"参与者的主流趋势

1. 2017年的媒体格局

从全球市场来看,主要国家的广告市场发展良好。但是格局略有改变,发达国家的广告势头均有所放缓,高增长市场集中在南美。

中国市场的总体规模是相对稳定的。在经历了前两年的调整期之后,2017年上半年广告市场整体呈现调整中发展的迹象。根据CTR媒介智讯的数据显示,2017年上半年中国广告市场整体增长0.4%,相较于2016年同期0.1%的增幅有所提升。

从媒体格局的角度看,2017年中国广告市场进入新一轮的胶着稳定期。传统媒体方面,上半年的花费同比降幅达到4.1%,与2015、2016年的上半年同比花费降幅相比,有所收窄,下降趋势有一定回稳(见图3-1-1)。

图3-1-1 2017年上半年分媒体广告花费增长率

数据来源:CTR媒介智讯。

电视媒体、平面媒体以及传统户外媒体在2017年上半年的广告表现都较去年同期有所好转。其中,电视媒体的广告花费同比下降3.6%,相比上年同期收窄0.2个百分点;两个平面媒体的广告花费降幅也在去年触底之后呈现略微回升,报纸媒体在上半年的广告花费同比下降30.5%,较上年同期收窄10个百分点,而杂志媒体也同样迎来了小幅的降幅回升;传统户外媒体在2017年上半年的表现也呈现平稳回升的状态,整体花费降幅达到2.7%。

户外生活圈媒体与互联网媒体在2017年上半年的广告花费同比上涨12.9%,与2016年上半年相比增幅缩小了11个百分点。电梯电视媒体的广告花费同比上涨18.9%,电梯海报媒体的广告花费同比上涨10.0%,影院视频媒体的广告花费同比上涨19.0%。虽然各类媒体的涨幅不及上年同期的高增长态势,但总体来说,2017年的户外生活圈媒体仍旧保持较为稳定的增长趋势。这也表明户外生活全媒体在经历快速成长期之后,逐渐进入了稳定发展的成熟期。

广告主的选择也印证了广告花费的数据。在2017年广告主营销趋势调查中，我们发现和2016年相比，广告主的预算分配比例没有明显的变动。电视媒体仍旧是广告主预算分配中最重要的一部分，纸媒、电台、传统户外、数字户外的预算分配比例与2016年实际的预算比例持平，互联网和移动互联网媒体在2017年的预算中有轻微的涨幅。所有的改变是存在的，但是我们会发现改变的幅度非常小（见图3-1-2）。

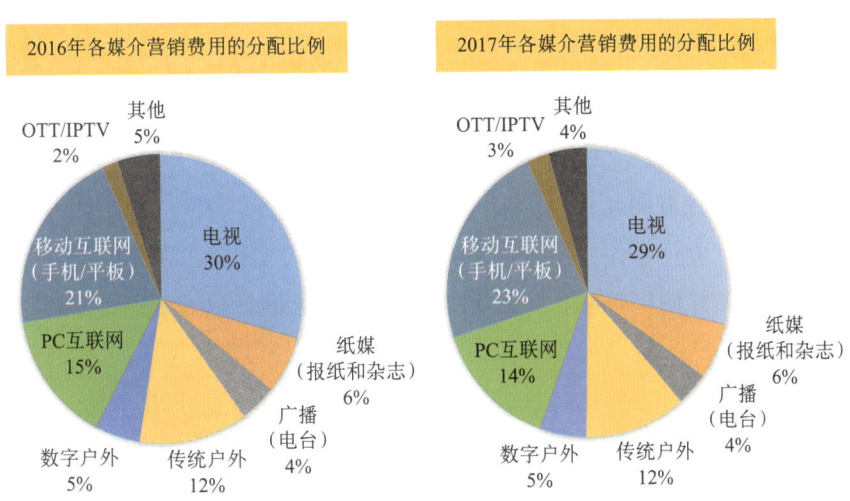

图3-1-2 2016—2017年各媒介营销费用分配比例比较

数据来源：CTR《2017中国广告主营销趋势调查报告》。

2. 广告行业与品牌投放趋势

根据CTR媒介智讯的数据显示，在2017年上半年的广告投放表现中，药品行业是唯一一个既处在高份额的广告支出，又有着高增长的花费表现的行业。广告花费前十品牌中，有不少都是属于药品类的广告主。

而与药品行业相比，其他主流的支柱行业在2017年上半年表现保守。同样处于广告花费高份额的饮料、食品、化妆品/浴室用品行业在上半年的广告花费均呈现不同程度的降幅。而在广告花费占比份额中低区间的行业中，有六个行业呈现增长趋势，七个行业呈现下降趋势，下降最为明显的是房地产/建筑工程行业。

此外,从近几年传统广告市场花费前20名的品牌集中度上看,市场领头品牌的影响力在不断扩大,头部力量越来越集中,想要在市场中获得较大的影响力,品牌需要投入更多。

一些大品牌在2017年上半年出现了向传统媒体投放回流的现象。在尝试了更多新媒体的投放渠道之后,一些大品牌也从上年的传统媒体中流失转向2017年逐渐回归传统媒体投放的状态。例如,伊利在2016年上半年电视广告花费同比减少0.3%,而在2017年上半年的广告花费同比上涨37.8%。同样处于回流状态的大品牌还有旺旺、雪碧、兰蔻、雅诗兰黛、立白,等等。

3. 广告主营销趋势

CTR《2017中国广告主营销趋势调查报告》显示,在2017年计划增加营销预算的广告主占比达到历年来的最低值,只有36%;而计划保持上年的广告预算的广告主占比达到历年来的最高值(46%),计划减少预算的广告主占比与2016年基本持平。从广告主对2017年营销预算的增减状态看,增加预算的广告主比例下降明显,2017年广告主更倾向于维持2016年的营销预算整体费用。在总费用不变的情况下,如何更好地分配这些预算就成为广告主的新难题(见图3-1-3)。

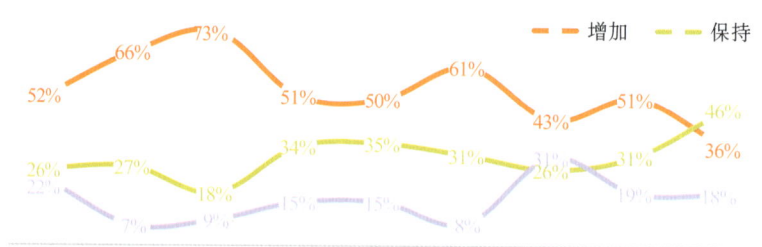

图3-1-3 广告主对当年营销预算变动的预期

数据来源:CTR《2017中国广告主营销趋势调查报告》。

不同规模的企业其广告预算的增减是有差别的。超大型企业和大型企业在广告预算的增长方面较为保守,超大型企业计划在2017年增加预算的比例只有31%，大型企业计划增加预算的占比为33%，而小微企业计划在2017年增加预算的比例达到51%。对于增加企业整体营销预算来说，小型企业更加灵活，大规模的企业会相对比较保守，是2017年广告主的一大特点。

从以上可以看到，整个广告市场是以稳定为主的。整体规模稳定，那些媒体发展快的，现在放缓了，那些持续下降的，降幅趋势也在减缓。广告主的媒介分配预算没有太大的变化，在各个媒体上虽然有流动，但是整体来讲流动比较少。所以，我们在整个市场看到的这些主流参与者的趋势是稳定和谨慎的。

二、营销活动中的"非主流"现象

如前所说，在讨论主流趋势的时候，也有一些新鲜的市场现象值得进一步观察。

1. 死忠粉和广告观众，哪个流量更值钱

过去的一年是自媒体快速发展的一年。根据网络公开数据，自媒体作家咪蒙头条报价已经涨到了68万元，栏目冠名30万元，底部Banner25万元，二条软文38万元，底部Banner15万元。而这并不是自媒体的特例，大部分头部自媒体的头条广告报价在10万—30万元。自媒体的传播给品牌带来了很大流量，这些具有强烈话题性和讨论性的文章、小视频等通过自媒体平台接触到广泛的互联网用户，并且在多次传播的发酵下，将话题引至爆点，这样的传播模式是传统媒体所不具备的。

与之相比，传统媒体的广告价格变得十分可爱。CTR媒介智讯的数据显示，省级卫视黄金时段15秒广告均价在8.9万元，咪蒙的价格是其七倍左右。而省级地面台黄金时段的15秒广告均价在1.9万元左右，与咪蒙的价格更是相差数十倍。

当然，也许咪蒙属于自媒体中的头部力量，电视台也会有高于这

个均价的优势节目来与之比较，但在这个简单的比较中，我们应该看到的是自媒体的资源已经对于主流媒体，特别是主流媒体中的普通资源形成了非常大的压力。

未来，自媒体会不会成为主流媒体？

2. 家庭媒体消费的格局变了，OTT 冲击传统互联网和传统电视

2016 年是 OTT 元年。从 CNNIC 的数据可以看到，通过电视接入互联网的数量从 2015 年的 17.9% 上涨到 2017 年上半年的 26.7%，意味着智能电视的市场占有率达到了一定的规模。

根据 CTR《2017 中国广告主营销趋势调查报告》显示，使用 OTT 的广告主比例从 2015 年的 13%，快速提升到 2016 年的 23%，越来越多的广告主希望把他们的钱投在 OTT 上面。并且，企业规模越大，对于 OTT 这种新型大屏的广告模式采用比例越高。2016 年 OTT 广告收入 10 亿元，传统电视是 1200 亿元，这样的差距值得关注。

OTT 实际上是对传统电视的赋能，当传统电视只是一个只有看的单向信息发布的渠道的时候，OTT 让我们有了更多选择的权利，我们可以在智能电视上享受一些其他的服务，这是 OTT 给我们带来的好处，也意味着 OTT 的出现一定要分食我们家庭大屏中的一部分的份额。

未来，OTT 是否会成为主流？

3. 内容付费，是冲击广告还是合作变现

在过去的一年，内容付费成为热门的词汇出现在各个网络平台的界面或策略中。网络数据显示，视频网站的付费会员数量已经超过 1 亿户，付费会员在享受免广告等福利的同时，并没有被广告主的品牌广告流放，相反，新型的广告模式已经在视频播出时用全新的方式演绎，而付费会员所得到的权益，不过是免除第一阶段的低端广告模式而已。

此外，知识付费的 APP 通过会员付费，获得最直接、最快速的盈利模式。例如，得到 APP 的营收达到 1.4 亿元，知乎平台人均消费额达到 39.4 元，而分答 APP 在上线 42 天就收获了 1000 万的用户。庞大、稳定的付费群体,是流量变现的基础。

所以说,这种内容付费,其实挑战的是我们的流量思维。原来我们是通过流量兑现广告,当我们有越来越多的头部内容被会员占据以后,它的流量已经不再能兑现成广告了。

如果内容付费成为主流,媒体的营利模式是不是会受到挑战?广告模式是不是也会受到挑战?那么未来我们的市场发展,是否还是以广告为主的营收渠道?还是以内容付费为主的渠道?

那么,内容付费最终会成为主流吗?

4. 品牌、渠道、内容的联合

品牌联合,在营销中并不是一个新的概念。以前的品牌联合,通常是两个广告主的合作。但是现在,品牌的概念外延了。内容品牌、渠道品牌都可以成为企业品牌的合作方。这种多方联投的广告形式,在电商竞争加剧的环境下,更是帮助电商与联投品牌在用户影响力方面的互补提升。

CTR媒介智讯对六大视频网站2017年7月份的广告统计情况显示,整个品牌广告里面88%是品牌广告,电商联合广告占11%,另外1%是电商自身的广告。一些著名的电商品牌在品牌联合方面的尝试更为积极,根据数据显示,京东在2017年7月通过品牌联合发布的广告占88%,天猫占99%,唯品会占100%。

市场上越来越多的营销元素、营销的参与者结合在了一起,无论是渠道、内容、品牌,他们在选择媒体的时候越来越打通自己的资源,相互结合和利用使得自身的品牌价值和品牌利益最大化。

未来,这种新型的品牌联投广告是否会成为主流?

5. 餐厅携手动漫:"二次元"的心,"三次元"的胃

麦当劳的广告通常是以产品或情感为主要诉求。而在2017年,麦当劳除了签约了代言人以外,还多次打造了"二次元"营销。

麦当劳先是在5月份与腾讯视频的IP《全职高手》合作,利用线下资源,推出了主题餐厅、麦乐卡,引发了动漫粉丝的追捧。

而同样的营销手法，在8月份再次使用。麦当劳与网易漫画联手推出了四家"二次元"主题餐厅，邀请年轻人参与"二次元"狂欢派对。

这是跨人群的成功营销。虽然是"二次元"的心，但是补充着"三次元"的胃。用小众的"二次元"的情感，完成了对"二次元"以及"三次元"大众的线下同体验，成功接入了两类人群对麦当劳品牌的认知和忠诚。

未来，"二次元"会不会成为营销创意主流？

6. 会说话的包装，喝的不是水，是鸡汤

厂商与消费者的沟通渠道，不再仅仅在媒体，连快消品的包装都开始和消费者对话。

为了与消费者建立起"对话模式"，味全推出了第一波的"理由瓶"，第二波的"HI瓶"，和"拼字瓶"。瓶身的logo缩小的同时，大大的暖心鸡汤映入眼帘，比如"你爱你自己　你要喝果汁"、"电脑8小时　你要喝果汁"等等，有趣的互动方式深受消费者喜爱。

而这种走心的营销方式也收获了暖心的销售成绩。据公开数据显示，味全每日C推出文字瓶以来，每个月的销量同比增长40%，市场占有率从7月到10月在国内100%纯果汁品类都有绝对优势。

有感情的包装给了产品更高的附加值。当产品成为情感的载体，无形中已经改变了产品的价值和购买体验。消费者购买的不只是饮料这个产品，还有情怀。

未来，会说话的包装是否会成为主流？

7. 迷妹，一个成功男人背后的支持者

以前，品牌选择代言人，是从品牌的角度出发，力图选择一个和品牌的调性相契合的人选。而现在，品牌转变思路，从目标消费者的情感考虑，选择一个消费者的KOL。因为消费者就要听KOL的。

例如，彩妆产品的主要消费者是女性，通常也多以女性代言彩妆产品。而美宝莲在2017年却抛开了女性的思路，携手陈伟霆推出首个男性代言的产品——全新雾感哑光唇膏，主推明星色命名为"女皇"。天猫首发当天，陈伟霆女皇色R09在20秒内售罄，创下秒空新纪录，并在2小时内刷新美宝莲历史销售记录。意见领袖喜欢什么，迷妹粉丝们就买什么。这个口红两小时内刷新了销售记录，也不足为怪。

未来，KOL营销是否会成为主流？

8. 时势造英雄，内容体现民众的期待

在过去的一段时间，还有一些文艺作品成为主流的选择。在省级卫视和网络平台热播的年度大剧《人民的名义》，平均收视率达到3.7%，单集最高收视率达到6.7%，跃升至受众喜爱并追捧的主流。同样以题材特殊，角度新颖夺人眼目的还有近期热映的电影《战狼2》，根据网络数据统计，其票房突破50亿元，全球票房成功跻身全球TOP100票房影片榜，成为全球荧幕的主流作品。

这些主旋律文艺作品霸占了市场，让大家认为的不可能，变成了真正的可能，变成了主流。

到底什么会成为主流，是我们看到这些即将成为主流，或者从非主流已经转变为主流的案例时会想到的问题。通过对案例的梳理，我们发现品牌、创意、内容、渠道这样一个参与营销的多点介入之后，主流更多的是建立在主流人群的核心关切和核心利益上。如果没有主流人群的核心关切、核心利益，那么它永远是一个非主流，只有主流人群的核心关切最终才能引爆我们的市场。

三、未来的主流

而未来的主流将会是什么？

科学决策是市场中的主流。我们从数据到大数据，现在到了人工智能阶段。人工智能的核心是模仿人的头脑在大数据的基础上来帮助我们更好地决策。

人工智能难以替代的是什么？我们也作一个可能是非主流的趋势

判断，我们认为是广告营销的艺术化，这个艺术化包括几个层面。一是情感的表达。现在更多的营销围绕情感展开，无论是内容营销、内容付费都是以消费者关心的情感展开。如果没有情怀、没有情感地去和消费者建立联系，这一定不是一个好的营销。二是多样性。现在的融媒环境，作判断的不仅是数字，更需要知道场景里面的消费体验和情感状态。达到同样的营销目标，我们也将有更多的选择。三是现在的消费者不仅需要物质上的满足，更需要精神上的诉求。在此基础上建立的消费升级，在带给消费者更多向往的同时，也才会带给企业更多的机会。

当我们面临着从工业化市场进入到个性化的情感市场的时候，未来的广告营销会越来越艺术化，越来越多地给我们带来不同的感受。

怎么找主流？用心前行，找到一个和你在心里进行交流的一个点，选择一个好时机，让它跳动起来。这个时候，我们就可以真正地找到主流，发现主流。

（本文作者：赵梅，CTR 总经理助理、媒介智讯总经理、CTR 媒体融合研究院执行副院长；黄磊，李聪，CTR 媒介智讯）

3.2

2017 年上半年广告市场趋势

2016 年，中国广告市场迎来蜕变与发展的一年，各类型的媒体在这一年都有着大大小小的改变。转眼间 2017 年上半年已经结束，在经历了 2016 年一整年的蜕变发展之后，中国广告市场在 2017 年的上半年递交的是一份比 2016 年更为满意的答卷，但同时新的挑战和风险也随之即来，广告主、媒体、受众、经济环境的改变都在无形中催生广告市场的众多新生态与新气象。对于未来的路，我们还需更审慎、更包容地走下去。

一、经济增长稳定性明显增强

在探讨我国媒体环境变化的时候，我们经常会首先考虑这一年国家经济的发展变化。毕竟，国家的经济发展关系到各行各业的景气状态。随着 2015 年我国 GDP 达到了六年以来的首次增幅破七，近两年的 GDP 增速始终徘徊在 6.7%—6.9% 的区间内。2017 年上半年，我国 GDP 同比增长连续两个季度呈现 6.9%，与此前相比，维持稳定增长的趋势越来越明显。

国家统计局将 2017 年上半年经济运行的特点概括为，"一是稳的格局更加巩固，二是好的态势更加明显"。稳的格局更加巩固，主要体现在经济继续运行在合理区间。一是我国经济增速已经连续8个季度保持在6.7%—6.9%；二是就业形势持续向好，城镇调查失业率总体走低；三是物价形势总体稳定，上半年全国居民消费价格同比上涨1.4%；四是国际收支继续改善，外汇储备连续5个月回升。综合宏观经济四大方面的主要指标来看，我国上半年的经济运行呈现了增长平稳、就业向好、物价稳定、国际收支改善的良好格局，经济增长的稳定性明显增强。

而向好的态势更加明显，则是体现在不少重要的指标在2017年上半年创下阶段性新高。国家统计局公布的数据显示，2017年以来服务业主导经济增长的特征更加明显，制造业向中高端迈进，在需求方面，居民消费加快转型升级，高技术产业投资快速增长，消费结构和投资结构也在调整优化；动能在转换中增强，新产业、新业态和新模式孕育成长，经济发展当中的新动能不断壮大，经济当中的新力量在不断增强；在经济保持中高速增长的同时，质量和效益进一步提高，上半年全国规模以上工业增加值同比实际增长6.9%，创下2015年以来工业运行最好成绩，证明振兴实体经济取得了初步成效，此外，民间投资和制造业投资增速都在回升。

国家经济增长的稳定性不断增强，同时也引导着中国广告市场进入一个平稳增长的阶段。

二、媒体市场在稳定中发展

1. 传统媒体整体走向好转

在经历了2016年中国广告市场的整体调整期之后，2017年上半年广告市场整体呈现调整中稳定发展的迹象。根据CTR媒介智讯的数据显示，2017年上半年中国广告市场整体增长0.4%，相较于去年同期0.1%的增幅有所提升（见图3-2-1）。

图 3-2-1　2011—2017 年上半年传统广告刊例花费同比增幅

数据来源：CTR 媒介智讯。

2017 年上半年，传统媒体的整体刊例花费同比降幅为 4.1%，与 2015 年、2016 年的上半年同比花费降幅相比，有所收窄（见图 3-2-2）。

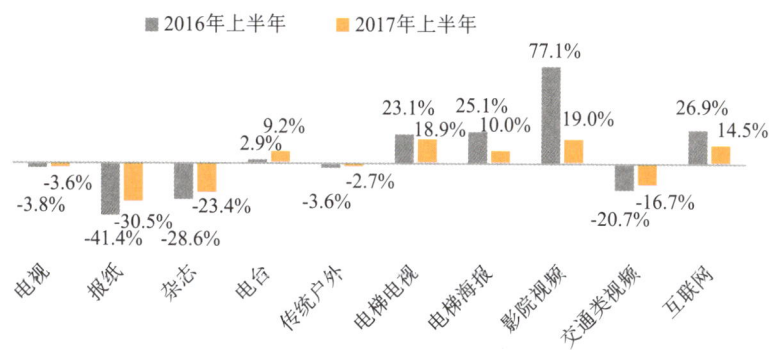

图 3-2-2　分媒体广告花费趋势变化

数据来源：CTR 媒介智讯。

电视媒体、平面媒体以及传统户外媒体在 2017 年上半年的广告表现都较 2016 年同期有所好转。其中，电视媒体的广告花费同比下降 3.6%，相比 2016 年同期略微收窄 0.2 个百分点；两类平面媒体的广告花费降幅也在 2016 年触底之后呈现略微回升，报纸媒体在上半年的广告花费同比下降 30.5%，较 2016 年同期收窄 10 个百分点，而杂志媒体也同样迎来了小幅的降幅回升；传统户外媒体在 2017 年上半年的表现也呈现平稳回升的状态，整体花费降幅从 2016 年同期的 3.6% 变为 2.7%。

相比之下，2017 年上半年传统媒体唯一呈现正增长的媒体类型与 2016 年一样仍旧是电台媒体，相比 2016 年同期的 2.9% 的增幅，电台媒体 2017 年上半年的花费增幅达到了 9.2%。花费高增长的背后，电台媒体 2017 年上半年的广告资源量也表现良好，同比减少 0.9%，相较于去年同期的广告资源量同比减少 9.9%，2017 年的电台广告时长与花费的双提升表现得十分明显。

此外，电台媒体的多个主要行业在 2017 年上半年广告花费回暖。商业及服务性行业、交通行业在 2016 年同期的广告花费都呈现降幅，而在 2017 年上半年这两个行业的电台广告花费同比增长 2.5% 和 5.0%。而在 2016 年就表现良好的邮电通讯行业和食品行业，在 2017 年上半年依旧表现良好，特别是食品行业的花费增幅达到 78.8%（见图 3-2-3）。

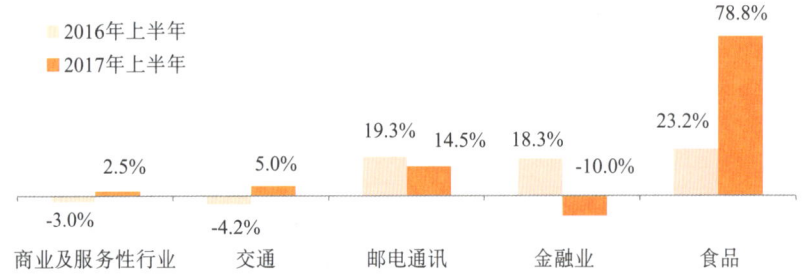

图 3-2-3　2016 年上半年和 2017 年上半年电台广告刊例花费 TOP5 行业增幅

数据来源：CTR 媒介智讯。

与此同时，一些网络品牌开始进入电台大客户的榜单且涨幅明显。CTR 媒介智讯的数据显示，易贷网、顶呱呱这两个互联网品牌在 2017 年上半年的电台广告花费同比上涨分别为 435.0% 和 826.9%。高增长形成的巨大投量规模，使得这两个品牌成功进入 2017 年上半年电台媒体广告花费 Top10 品牌榜单。

2. 场景化媒体广告持续增长

户外生活圈媒体在 2017 年上半年依旧保持着良好的增长趋势，电梯电视媒体的广告花费同比上涨 18.9%，电梯海报媒体的广告花费同比上涨 10.0%，影院视频媒体的广告花费同比上涨 19.0%。虽然各类媒体的涨幅不及 2016 年同期的高增长态势，但总的来说 2017 年的户外生活圈媒体仍旧保持较为稳定的增长趋势。

而从行业的角度看，邮电通讯、电脑及办公自动化、娱乐及休闲和交通行业是户外生活圈媒体的四大支柱型行业。由于户外生活圈媒体更加贴近受众的生活圈，更容易融入受众的生活，因此不少与生活密切联系的行业都在生活圈媒体投放广告。与受众生活紧密相连的邮电通讯行业以及电脑及办公自动化产品行业一直都是户外生活圈媒体的重要行业，这两个行业中的网站和 APP 品牌不断通过更贴近生活和使用习惯的生活圈媒体提升自己的品牌影响力和价值。而近两年，随着户外生活圈媒体的技术升级，交通行业也关注到这类媒体，其在电梯电视媒体的广告投放持续走高，并且在影院视频和电梯海报媒体的广告投放量持续上涨（见表 3 - 2 - 1）。

表 3 - 2 - 1   2017 年上半年电梯及影院广告花费前五个行业增长率

排名	2017 年上半年电梯电视广告花费 TOP5 行业		2017 年上半年电梯海报广告花费 TOP5 行业		2017 年上半年影院视频广告花费 TOP5 行业	
	行业	广告花费增幅	行业	广告花费增幅	行业	广告花费增幅
1	邮电通讯	17.5%	邮电通讯	-0.9%	交通	18.0%
2	电脑及办公自动化产品	30.2%	商业及服务性行业	29.4%	邮电通讯	-17.6%
3	饮料	1.9%	交通	19.1%	电脑及办公自动化产品	118.0%
4	娱乐及休闲	18.8%	电脑及办公自动化产品	-29.4%	活动类	-19.9%
5	交通	41.5%	娱乐及休闲	38.6%	娱乐及休闲	20.9%

数据来源：CTR 媒介智讯。

三、电视广告在荆棘中保持稳定

1. 传统电视受到渠道冲击

长久以来，一直作为家庭媒体消费核心的传统电视，如今在媒体技术的快速发展大潮中，面临着不小的冲击。

互联网电视融合了互联网与传统电视的功能，其互联网特性对传统电视形成了较为明显的用户市场冲击。据中国广播电视网络有限公司发布的《中国有线电视行业发展公报》显示，截至2017年6月，有线数字电视缴费用户已经低于1.6亿户，比2016年12月减少了236.6万户。而与此形成鲜明对比的是，IPTV、OTT用户在2017上半年分别净增用户1600万户、1084万户，二者的用户总规模已经分别达到了1.03亿户、8334万户。

用户看电视的方式正在发生转移。虽然他们还是在看电视，但是已经不是传统意义上的看电视了。他们的看电视这一行为中，已经包含了互联网行为。例如，同样是来自《中国有线电视行业发展公报》的数据显示，2017年上半年的高清互动点播用户已经达到了5248.6万户。

电视市场不断拓展外延的同时，我们确实也看到了传统电视受到的冲击。

2. 电视综艺节目趋于平淡

综艺节目曾经是电视台的厮杀红海，也有不少节目制作方频繁在红海中寻找节目题材的蓝海，但经过多年的发展，综艺节目已然是一片汪洋，无数的节目沉寂其中，只有少数能够爬上岸来。

CTR媒介智讯的新节目研究统计，省级卫视的综艺创新进度明显放缓。2016年上半年，省级卫视推出了61档综艺新节目，而2017年上半年，推新数量只有28档。综艺爆款越来越少，大行其道的多是综N代。

即便目前仍有不少口碑较好的综N代，但是收视已经有明显的下滑。CSM52城市网的数据显示，2017年上半年季播节目爆款难现，收视率超过3%的季播综艺节目为零，收视率超过2%的仅有0.8%，61.1%季播综艺节目的收视率低于0.5%。

在收视平淡的影响下，综艺节目的广告也有明显收缩。CTR媒介智讯的广告监测数据显示，2017年上半年综艺类节目的广告时长同比减少了14.9%，降幅远大于电视剧、生活服务、新闻时事。

除了长年累月地播出引发的审美疲劳之外，政策监管也是综艺节目疲软现状的重要原因之一。在"限娱令""加强版限娱令""限韩令"之后，对全明星阵容的节目也有了规定要求。调整播出档期，调整节目内容，都成了电视台的当务之急。

3. 电视媒体格局进一步分化

由于节目制作的成本加大，以及动辄数百万元一集的大剧，缺少财力支持的媒体的市场话语权会逐渐式微。

电视剧的独播能力基本能够反映出媒体实力。在2017年上半年，五家主要省级卫视都不乏独播剧，其中湖南卫视黄金档播出的剧集均为独播。即使没有独播机会，两星联手的剧集在主要卫视平台中也十分多见。

头部媒体面临的是经济压力，二三线媒体则面临的是生存压力。

媒体格局直接影响了各自的广告收入。CTR媒介智讯的广告监测数据，电视媒体各级别频道的广告花费差距进一步拉大。中央级频道在2017年上半年实现广告时长与花费的双增长，且涨幅很大。相比之下，省级卫视、省级地面在2017年上半年的表现并不突出。从广告时长上看，省级卫视和省级地面频道相比2016年同期均有较大的下滑趋势，特别是省级地面频道在2016年上半年的广告时长还有着2.0%的增长而今年则是下降10.1%。

而广告花费方面，省级卫视在2017年上半年广告花费同比减少11.4%，与2016年同期相比下降近6个百分点，省级地面频道的广告花费也从2016年同期的增幅变为下降6.1%（见表3-2-2）。

表 3-2-2　2017 年上半年电视媒体分级别广告花费与时长增幅

媒体级别	广告花费增幅	广告时长增幅
中央级	35.5%	23.1%
省级卫视	-8.9%	-8.1%
省级地面	-5.6%	-10.1%
省会城市	-3.8%	-7.7%
其他	-9.0%	-6.8%

数据来源：CTR 媒介智讯。

4. 电视广告花费有了起色

虽然电视媒体在 2017 年上半年遇到了不小的挑战，但其主导地位仍旧不可替代。CTR《2017 中国广告主营销趋势调查报告》显示，电视媒体仍旧是他们预算分配中占比最大的一块。同时，广告主对中央级频道和省级卫视的广告预算有所增加（见图 3-2-4）。

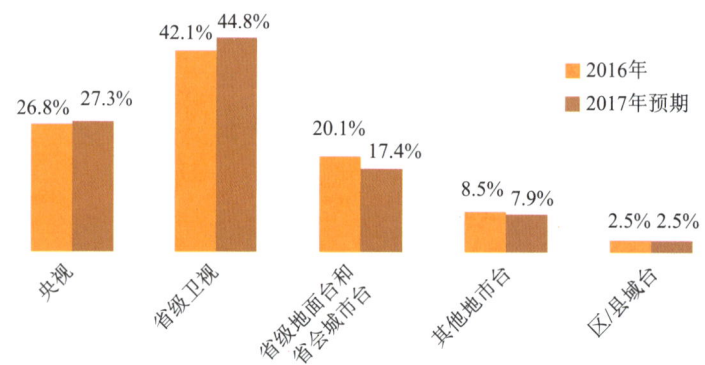

图 3-2-4　广告主对各级频道的预算变化

数据来源：CTR《2017 中国广告主营销趋势调查报告》。

同时，报告还显示企业规模越大、越重视媒体覆盖面和品牌价值。超大企业对于在电视媒体的预算分配上选择将 41% 的花费投放到中央级频道，40% 的花费投放在省级卫视频道；大型企业和中小型企业的投放比例相差不大，但与超大企业的区别在于他们的投放重点并不是中央级频道，他们在中央级频道的广告花费占比大概只有两成到三成，而相比中央级频道他们更加青睐的是省级卫视频道，他们在省级卫视频道的广告投放比重大概会占到企业总预算的一半。

CTR 媒介智讯的数据显示，2017 年上半年电视媒体主力行业各有波动。饮料、食品和化妆品/浴室用品行业在电视媒体的广告投放占有较大的比重，但在 2017 年上半年这三个行业的电视广告花费同比均呈现下降的状态。其中，饮料行业和食品行业的电视广告花费同比减少 11.5% 和 6.3%，与 2016 年同期相比降幅有所收窄。化妆品/浴室用品行业的电视广告花费同比减少 18.9%，与 2016 年同期相比降幅扩大近 10 个百分点。

2017 年上半年省级卫视、省级地面频道的多个主要行业的广告花费呈现不同程度的下降。化妆品/浴室用品在省级卫视的广告花费同比减少 15.3%，与 2016 年相比降幅扩大了 14 个百分点，其在省级地面频道的广告花费同比减少 24.7%，与 2016 年相比降幅也扩大了 16 个百分点。食品行业也同样呈现较大的降幅，其在省级卫视的广告花费同比减少 5.4%，而 2016 年同期则是增长 4.0%，其在省级地面频道的广告花费同比下降 15.4%，与 2016 年同期相比降幅扩大了 5 个百分点。而与省级卫视和省级地面频道的行业降幅相对应的是中央级频道各行业的高增长，在省级频道表现不佳的食品行业在中央级频道的广告花费同比上涨 88.4%。药品行业在中央级频道的广告花费增幅更是达到了 198.2%，与 2016 年同期相比增幅扩大了近 160 个百分点（见表 3-2-3）。

表 3-2-3　2017 年上半年各级电视频道广告花费前五行业的变化

2017上半年花费排名	中央台			省级卫视			省级地面台			省会城市台		
	行业	2016年上半年增幅	2017年上半年增幅	行业	2016年上半年增幅	2017年上半年增幅	行业	2016年上半年增幅	2017年上半年增幅	行业	2016年上半年增幅	2017年上半年增幅
1	食品	-27.3%	88.4%	饮料	-10.5%	-13.8%	药品	57.1%	5.8%	商业及服务性行业	-18.2%	-6.0%

续表

2017上半年花费排名	中央台			省级卫视			省级地面台			省会城市台		
	行业	2016年上半年增幅	2017年上半年增幅	行业	2016年上半年增幅	2017年上半年增幅	行业	2016年上半年增幅	2017年上半年增幅	行业	2016年上半年增幅	2017年上半年增幅
2	药品	38.7%	198.2%	食品	4.0%	-5.4%	饮料	-10.5%	-9.9%	化妆品/浴室用品	-38.5%	-29.6%
3	邮电通讯	75.7%	52.9%	化妆品/浴室用品	-1.7%	-15.3%	酒精类饮料	29.5%	9.4%	家居用品	-10.9%	55.1%
4	交通	-6.9%	-5.7%	药品	-18.0%	-16.6%	食品	-10.5%	-15.4%	药品	79.5%	20.8%
5	酒精类饮料	-29.6%	61.3%	交通	-14.6%	7.1%	化妆品/浴室用品	-7.9%	-24.7%	活动类	69.7%	1.2%

数据来源：CTR 媒介智讯。

从 2017 年上半年的电视媒体广告数据不难发现，电视媒体在上半年的总体走势是有所好转的，而细分到各个媒体级别表现各异。但无论怎样，电视媒体的价值还是被广告主所认可的。

四、市场规模持稳，广告主预算稳定

在 CTR《2017 中国广告主营销趋势调查报告》中，我们看到了不同规模、不同领域、不同营销方式的广告主对于整个广告市场和广告营销活动的期待与看法，其中有很多值得我们深思的观点。

1. 广告主对经济形势信心回暖

广告主对于国家经济大环境的感受有时也会影响他们对于新一年的广告投放的策略。在 CTR《2017 中国广告主营销趋势调查报告》中显示，广告主对国民经济形势的打分走高，2016 年的经济形势打分探底，而 2017 年有了上扬趋势。而广告主对于行业经济的判断上，也有小幅上扬的趋势，对于本企业的业绩的打分则是较为严谨的状态。但总的来说，广告主对于2017年国家经济发展的大环境是十分认可的，对于行业在2017年的发展前景也是看好的（见图3-2-5）。

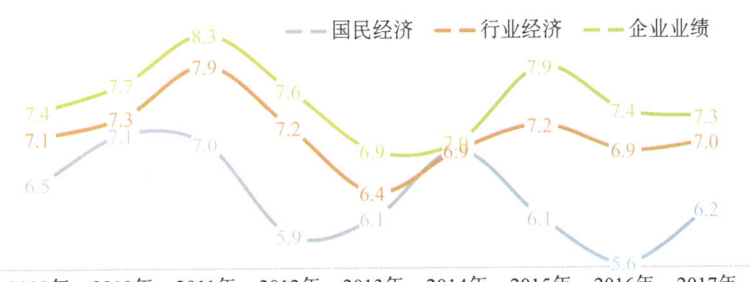

图3-2-5　广告主对经济形势的打分（10分制）

数据来源：CTR《2017中国广告主营销趋势调查报告》。

2. 广告主预算占比增势趋缓

CTR《2017年广告主调查报告》显示，在2017年计划增加营销预算的广告主占比达到历年来的最低值，只有36%；而计划保持2016年的广告预算的广告主占比达到历年来的最高值（46%），计划减少预算的广告主占比与2016年基本持平。从广告主对于2017年营销预算的增减状态看，增加预算的广告主比例下降明显，2017年广告主更倾向于维持2016年的营销预算整体费用。在总的费用不变的情况下，如何良好地分配这些预算需要广告主慎重考量。

虽然广告主对于2017年的营销预算普遍处在保守求稳的状态，但不同规模的企业其广告预算的增减也是有差别的。CTR《2017中国广告主营销趋势调查报告》显示，超大型企业和大型企业在广告预算的增长方面较为保守，超大型企业计划在2017年增加预算的比例只有31%，大型企业计划增加预算的占比为33%，而小微企业计划在2017年增加预算的比例达到了51%。对于增加企业整体营销预算来说，小型企业更加灵活，大规模的企业会相对比较保守，是2017年广告主的一大特点（见图3-2-6和图3-2-7）。

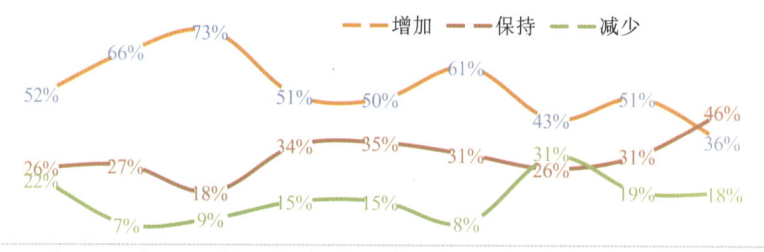

图 3-2-6　广告主对当年营销预算占比的预期

数据来源：CTR《2017 中国广告主营销趋势调查报告》。

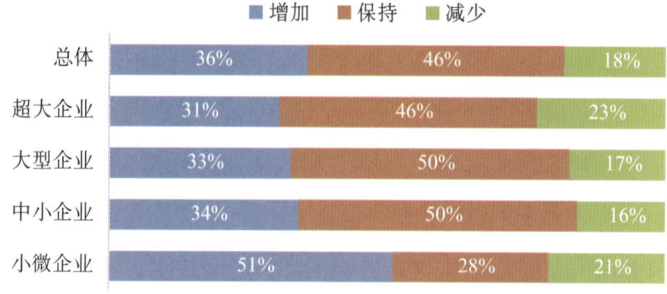

图 3-2-7　2017 年不同预算规模广告主对当年营销预算占比的预期

数据来源：CTR《2017 中国广告主营销趋势调查报告》。

3. 广告主预算分配格局稳定

每年的广告主调查报告都会有一部分涉及广告主对于各个媒介的预算分配，从广告主的预算分配比例上，我们可以清楚地知道他们对于各个媒体的关注程度以及他们是如何平衡各个媒体之间的关系。由 2017 年的广告主调查中发现，和 2016 年相比，2017 年广告主的预算分配比例没有明显的变动。电视媒体仍旧是广告主预算分配中最重要的一部分，纸媒、电台、传统户外、数字户外的预算分配比例与 2016 年实际的预算比例持平，互联网和移动互联网媒体在 2017 年的计划预算中是有轻微的涨幅的，相信是随着 2016 年的投放，广告主对于这两类媒体的使用效果、使用方式等都较为满意，希望在 2017 年增加这两类媒体的广告预算投放（见图 3-2-8）。

第3编 中国广告及营销市场趋势

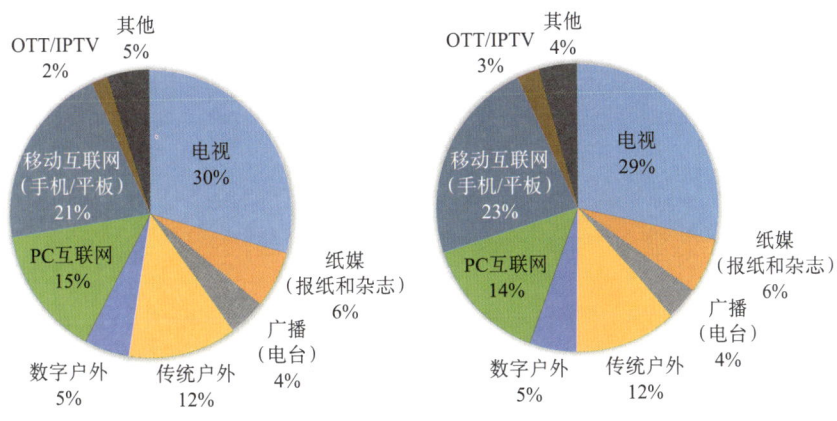

图3-2-8　2016年及2017年各媒介营销预算的计划分配比例

数据来源：CTR《2017中国广告主营销趋势调查报告》。

4. 媒体各司其职，大屏作用彰显

在纷杂的媒体环境中，广告主是如何甄选媒体的呢？CTR《2017中国广告主营销趋势调查报告》显示，虽然媒体环境越来越复杂，但广告主对于每种媒体所承载的广告职责和效果都有十分明确的判断。例如，电视媒体在提升品牌形象和覆盖广泛两点上有着绝对压倒性的优势。而网络媒体在精准投放、创意灵活以及互动性强三个方面一枝独秀。由此可见，在广告主心中，不同媒体各司其职、各有特色。

虽然各类媒体都有着不同的优势，但近两年随着OTT媒体的兴起，我们发现，客厅大屏的价值正在逐渐凸显。可喜的是，这种新型的媒体模式已经被大多数的广告主所采用（见图3-2-9）。

CTR《2017中国广告主营销趋势报告》显示，选择使用OTT的广告主比例从2015年的13%上升至2016年的23%，并且，企业规模越大，对于OTT这种新型大屏的广告模式采用比例越高。

对于广告主来说，新型的OTT模式兴起是对传统的客厅大屏的一种价值延伸。同时，OTT还兼具多屏互动、跨屏互联的特点，大小屏的相互支持链接使得家庭客厅的娱乐价值被无限放大。在CTR《2017

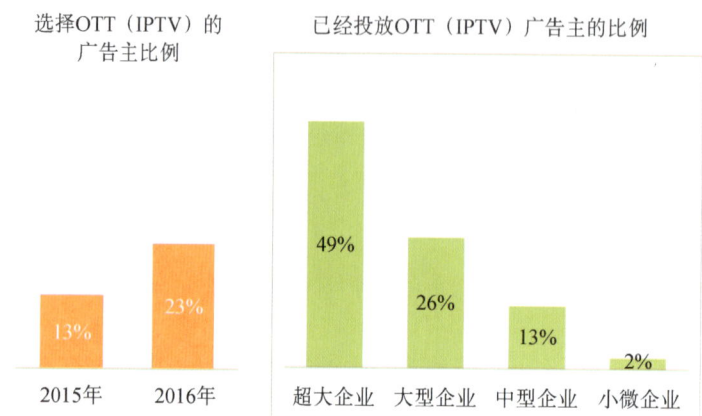

图3-2-9 广告主对OTT的选择和投放比例

数据来源：CTR《2017中国广告主营销趋势调查报告》。

中国广告主营销趋势调查报告》中显示，认为电视依然是整合营销传播中不可替代的传播平台的广告主占比达到69%，认为以客厅为中心的互动类电视屏的传播价值逐渐提升的广告主占比达到56%，认为OTT/IPTV的投放是对电视媒体的有益补充的广告主占比达到71%。由此可见，在众多广告主心中OTT这种新型的模式是非常有益于补充现有的电视媒体传播模式的，相信随着未来OTT的发展，广告主会与OTT这种新模式有更多的合作和磨合，创造出更大的价值。

五、新规模的媒介圈正在形成，受众由分散走向聚合

随着媒体环境、受众以及广告主的多重进化，目前的媒体市场形成了全新规模的媒介圈，这是以电视媒体、互联网媒体以及户外生活圈媒体三足鼎立组成的新的媒体形态。而在三足鼎立的周边附着和散落的是密密麻麻的新形态媒体模式。多样化的媒体形态、多重媒体选择给予受众和广告主的都是新鲜的体验。

从受众角度看，给予他们的媒介选择机会越来越多，但实际上这并没有增加他们使用媒体的数量。相反，我们发现受众在使用媒体时，

面临着众多的媒体形式他们只会增加使用一个或几个媒体使用频次。根据 CNRS 的数据显示，每天接触三种及三种以下的受众比例是不断上升的，接触四种及以上的受众比例是逐步减小的。媒体种类不断增加，但消费者其实活跃使用的媒体数量却不是越来越多的状态，这意味着消费者其实越来越沉浸于自己选择的一个媒体习惯里面。而正是这种媒体习惯，使得我们每个人的特点会越来越明显，我们的消费者每个人的特征也会越来越明确。因此，未来的传播都是基于消费者个性化的传播，消费者因为不同的传播习惯、不同生活特点、不同的社会属性、不同的消费场景形成不同的族群，而针对不同族群的传播，成为媒体未来所要做的重要事情。如何在一个分散化的状态下，形成针对受众的有效传达是媒体人需要思考的问题。

六、媒体营销几大现象及思考

现象一：药品类广告支撑市场增长 银发经济不容小觑

根据 CTR 媒介智讯的数据显示，在 2017 年上半年的电视广告投放表现中，药品行业是唯一一个既处在高份额的广告支出，又有着高增长的花费表现的行业。广告花费份额较大的前十行业中，有不少都是属于药品类的广告主。而究其原因，不难发现电视媒体本身具有的高覆盖、与品牌公信力的优势被药商看中。在电视媒体的受众群体中，有一部分人群值得药商关注，他们就是这个时代定义的银发群体。相信随着营销的逐步推进，银发经济将会在未来引发更多的营销思考和营销案例（见图 3-2-10）。

现象二：电视平台推动优质 IP 获得网络平台高点击量

根据收集的网络数据显示，一个纯网络剧集在视频网站的点击率远远不及一个电视媒体和互联网平台双播的剧集。传统媒体的线性播出是一个劣势，受众不能选择只能够被动收看。但如果通过电视媒

图3-2-10 2017年上半年电视广告行业份额与增幅分布

数据来源：CTR媒介智讯。

把注意力集中，再利用碎片化的互联网媒体将注意力进行延伸，那么这个IP就会获得电视受众和互联网用户的双关注。也就是说，在目前这个融媒的时代，各类媒体各司其职，发挥所长，相互依赖与结合，会给予媒体营销一个新的方向和爆点（见图3-2-11）。

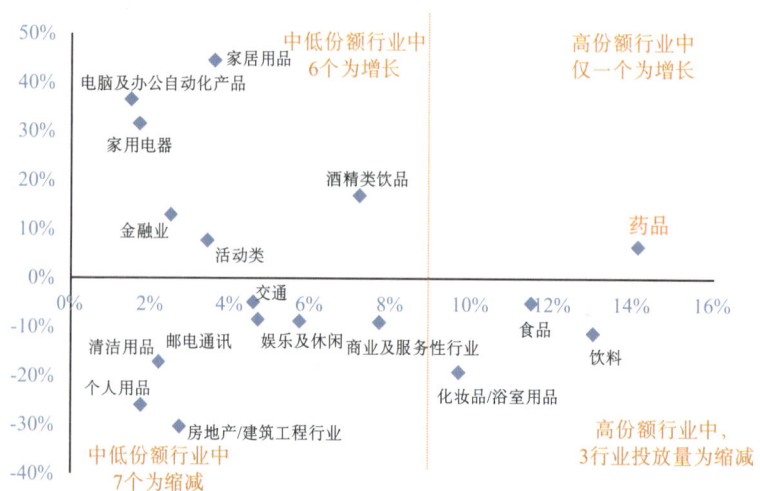

图3-2-11 各大视频网站高点击量电视剧集与纯网络剧集点击量对比

数据来源：网络资料整理。

现象三：国家品牌计划推动广告资源品牌化

央视在2017年逐步开展了关于国家品牌计划的广告资源推广。此前，央视的广告资源主打黄金资源，而现在则是销售国家品牌计划资源，虽然可看作是黄金资源的重新组合，但其实是相对于原来完全不同的营销模式。新模式下，把品牌进行品牌化尝试实现对广告主的增值兑现，这种模式可以尝试利用在任何媒体上。

融媒时代的思考

提到融媒时代，首先想到的关键词就是碎片化和"互联网+"。信息传播呈现出一种碎片化的模式，我们如何在碎片化的信息和市场中整合出新型的传播模式，是我们需要思考的。而互联网其本质更像是我们生活中的基础设施，如同水、电一样，在融媒的时代，我们通过互联网的技术手段，将碎片化的信息整合，将碎片化的用户习惯归类，将碎片化的营销手段进行重新组合，为广告主创造更多的可见的价值回报。

七、总结

随着2017年国家经济的逐步发展，中国广告市场也迎来了曙光，众多媒体都在荆棘中寻找到了自我发展的道路。与此同时，广告主也在不断思考，不断了解媒体的变化，不断进行新媒体与新传播模式的探索。受众在改变，媒体环境在改变，广告主和媒体人也在改变。正是这些正向的改变和尝试使得中国广告市场朝着更远、更多元、更包容的方向前进。相信在未来，我们还将看到广告市场的更多新气象、新变化、新趋势，让我们拭目以待吧！

（本文作者：黄磊、李聪，CTR 媒介智讯）

3.3 广告主对经济形势的预判及相应营销策略的改变

2016—2017年国际上"黑天鹅事件"频发，英国脱欧、法国爆恐袭击、美国特朗普当选总统，经济上贸易保护主义抬头，政治上极右翼势力登上舞台，社会上反全球化和民粹主义发展。"黑天鹅事件"让整个世界都处于极大的不确定之中。国内处于经济转型升级和全面深化改革的攻坚期。经济虽然稳中向好，但依然存在较大的增长压力。国内与国外、政治与经济、社会与文化相互交织，面对复杂的变革环境，广告同样无法独善其身，"广告相较其他行业所受波及更甚：一方面，广告需要传播，受众媒介接触行为的任何微小改变都有可能触发广告传播理念的变革，从原生广告、信息流广告到内容营销、场景营销，越来越多的概念构想让广告行业有些无所适从；另一方面，广告身处商业，经济环境的波动对广告的影响直接且明显，广告同时也是经济的晴雨表，从广告投放本身也能管窥甚至影响一国的经济状况。承担传播职责位于生产与商业的交叉点，广告业天然地对外部环境高度敏感，并且还要努力地在各种波动中调换身姿、腾挪移转、艰难适应。当不得不面对越来越动荡的世界，以及越来越看不清、摸不透的消费者时,广告行业该怎么办?"① 在瞬息万变的环境下,我们要回到问题的源头,也就是要研究广告主。

2017 年广告主营销趋势调查在兼顾行业分布、预算规模的前提下调查了 302 家具有代表性的中国广告主,主要涉及广告主信心指数、广告主营销预算变化趋势及分配趋势、广告主的媒体策略及主要营销工具的运用情况等。过去几年,广告主的营销观念经历了剧烈的变化,只要有新形式、新手段、新技术出现大家便一拥而上,积极求新求变。求新求变固然很好,但是却存在着很多的盲目性。近两年,尤其是 2017 年,广告主在行动上更务实了。中国广告主在经历了一波快速变革后,正在逐渐回归到相对稳定和理性的发展轨道上来。

一、广告主对经济形势的信心回暖,业绩预期企稳

2016 年我国 GDP 增速再创新低,增速为 6.7%②,2017 年第一季度 GDP 增速为 6.7%③。2016 年到 2017 年我国宏观经济筑底企稳,稳中向好。在宏观经济企稳向好的背景下,广告主对行业经济和企业业绩的信心也呈现企稳的态势,对国民经济的信心预期向好。

不同企业规模对于经济形势的预期也有差异,总体来看,企业达到一定规模之后,对于经济形势的信心较好,小微企业则信心较低。不同行业企业对于经济形势的预期差异不大,日化行业企业表现最为悲观。

1. 广告主 2017 年对行业经济和企业业绩信心企稳,对国民经济信心预期向好

2016 年宏观经济下行压力较大,企业对于国民经济、行业经济和

---

① 黄升民,王水:《2017 年广告之变:黑天鹅频发背景下的机遇和挑战》,《中国广告》2017 年第 2 期,第 49 页。
② 国家统计局:《中华人民共和国 2016 年国民经济和社会发展统计公报》,国家统计局官网,2017 年 2 月 28 日,http://www.stats.gov.cn/tjsj/zxfb./201702/t20170228_1467424.html。
③ 国家统计局:《一季度国民经济运行开局良好》,中央政府门户网站,2017 年 4 月 17 日,http://www.gov.cn/xinwen/2017-04/17/content_5186406.htm。

企业业绩的预期较2015年均有较大的下滑,其中,对于国民经济预期降至2009年以来的最低点。2017年,宏观经济稳中向好,广告主对于行业经济和企业业绩的信心呈现出企稳的态势,对于国民经济的预期较2016年上升较大,预期向好(见图3-3-1)。

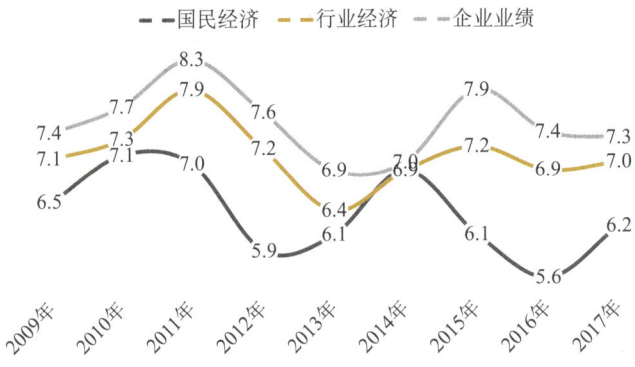

图3-3-1 广告主对经济形势的打分(10分制)

数据来源:《2017中国广告主营销趋势调查报告》。

2. 企业预算规模达到一定程度对经济形势的信心饱满,小微企业信心较低

不同营销预算规模的企业对于未来的预期同样呈现不同的特点。调查发现,当企业规模达到一定"门槛"之后,即营销预算超过1000万元,中小企业、大型企业、超大型企业对国民经济、行业业绩和企业业绩的预期相对较好。而小微企业则呈现出"艰难度日"的状况。小微企业规模小、竞争力相对较弱,在宏观经济下行和竞争日趋加剧的背景下,由于自身的资源和禀赋劣势,生存较为艰难(见图3-3-2)。

3. 不同行业广告主对经济形势的预期不一,日化表现最悲观

不同行业对未来的预期也呈现不同特点:其一,家电行业和邮电通讯行业近两年通过收购兼并以及自身的转型升级取得了相对良好的成效。比如美的收购了德国机器人制造公司库卡集团,海尔则收购了GE白电部分,体现出了家电行业的积极姿态。中国移动、中国电信等通讯巨头受利于国家城镇化的推进以及4G网络的运营,收入也呈现良

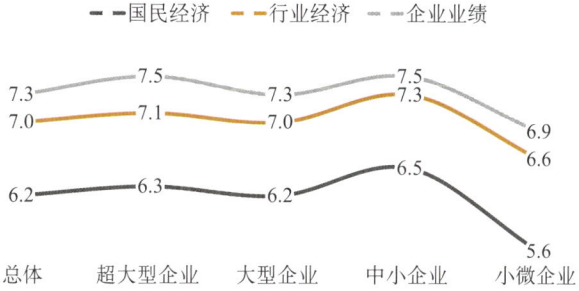

图3-3-2 不同预算规模广告主对经济形势的打分（10分制）

注：根据2016年营销传播预算，将广告主分为四类，超大企业（5亿元以上）、大型企业（5000万元以上，5亿元及以下）、中小企业（1000万元以上，5000万元及以下）、小微企业（1000万元及以下）。

好的趋势。因此，家用电器、邮电通讯对经济和行业自身的预期较好。其二，互联网及IT、金融业、房地产、药品对自身业绩预期良好，虽然他们对经济形势不太看好。互联网及IT行业过去一年发展依然保持了良好的状态，金融业在经历了前两年的下滑之后开始步入稳定发展时期，房价在2016年再次成为热词，药品行业在银发经济日益繁盛、国家医疗改革及居民生活水平提高的背景下也迎来了稳步发展期。其三，日化企业最为悲观。以宝洁、联合利华等为代表的巨头日化企业过去一年在中国市场遭受了前所未有的下滑危机。在互联网时代，消费者的消费心理和消费行为发生了巨大变化，日化企业在品牌、传播、渠道、产品等层面遭遇了不同程度的冲击，在此背景下，无论是国外日化巨头还是本土日化巨头都感受到了巨大的压力，对于未来的预期降至所有行业最低（见图3-3-3）。

二、广告主营销预算占比增势趋缓及原因

2017年广告主营销预算占比增势趋缓，但是增长和持平仍占八成以上，不同预算规模的企业和不同行业的企业营销预算的变化情况也不一样。影响广告主营销预算占比的原因是多重的，其中，环境变化、

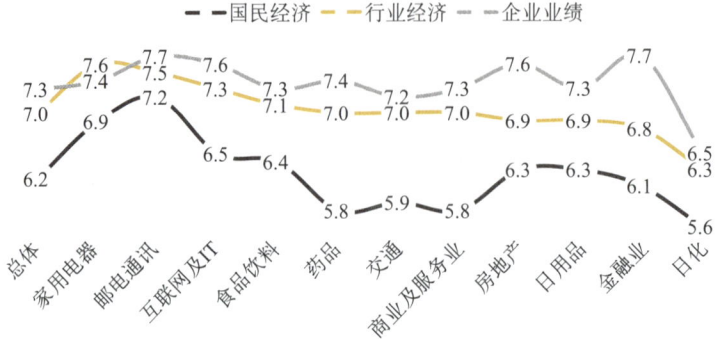

图 3-3-3 不同行业广告主对经济形势的打分（10 分制）

注：食品饮料（各种食品如零食、乳品、速冻、熟食、食用油、调味品、保健品等；固体饮料、包装饮料、茶等；白酒和啤酒）；交通（汽车、轮胎、航空、物流）；互联网及IT（门户、资讯、垂直网站、视频、直播、移动支付、电脑、软件开发）；商业及服务业（电商、文化教育、医疗、卖场等）；日化（清洁用品、洗护、化妆品）；日用品（衣着、服装、鞋、珠宝手表、运动衣系列；家居用品，家纺、家具、卫浴；个人用品）；家用电器（黑电、白电、小家电、空气净化、热水器等）；金融业（银行、保险、证券、基金、投行、互联网金融）；房地产（房地产、建筑工程、二手交易）；邮电通讯（运营商、手机）；其他行业（餐饮、化工、农业）。

政策限制、业绩担忧和标准缺失是广告主营销预算变化的四大原因。营销预算各项费用也呈现新的动向，硬广回归和终端加强值得关注。

1. 广告主营销预算占比增势趋缓，增长和持平仍占八成以上，不同规模和不同行业的企业呈现出各不相同的特点

2017年宏观经济稳中向好，广告主的营销预算投入也呈现相对稳定的态势。2017年广告主营销预算占比的预期中，"持平"的选择比例较2016年上升了15个百分点，为2009年以来的最高值。而选择"增加"的比例则为2009年以来的最低值，选择"减少"的比例则微降1个百分点。综合三项数据可知，广告主的营销投入呈现强烈的维稳趋势，大多数广告主对于营销预算的投入保持稳定，增长和持平仍占八成以上（见图3-3-4）。

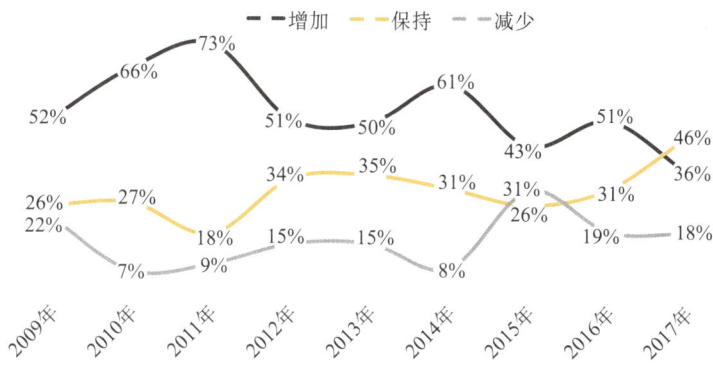

图3-3-4 广告主对当年营销预算占比的预期

从不同规模企业来看,企业规模越大,营销预算投入越趋于保守。从选择增加的比例上看,中小企业、大型企业和超大企业营销预算选择"增加"的比例大多在33%左右,而小微企业营销预算选择"增加"的比例则达到了51%,相对于大企业来说,小企业在营销预算的投入上要积极很多(见图3-3-5)。

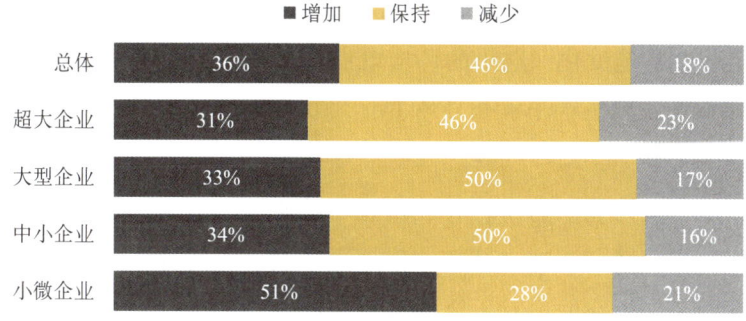

图3-3-5 2017年不同预算规模广告主对当年营销预算占比的预期

从不同行业的营销预算投入的增加趋势上来看,互联网行业最高,房地产行业最低,总体增长压力较大。互联网及IT行业在2017年风生水起,在营销上也是花样百出,投入巨大。2017年互联网及IT行业预计净增加的比例还将达到57%,远超于其他行业。药品、食品饮料、日化、商业及服务性以及邮电通讯等2016年全媒体广告花费排名前五的行业中药品和食品饮料营销预算投入预期较高,而日化、商业及服务性行业则相对平稳。房地产受制于政策调控，营销预算增加的趋势较弱（见图3-3-6）。

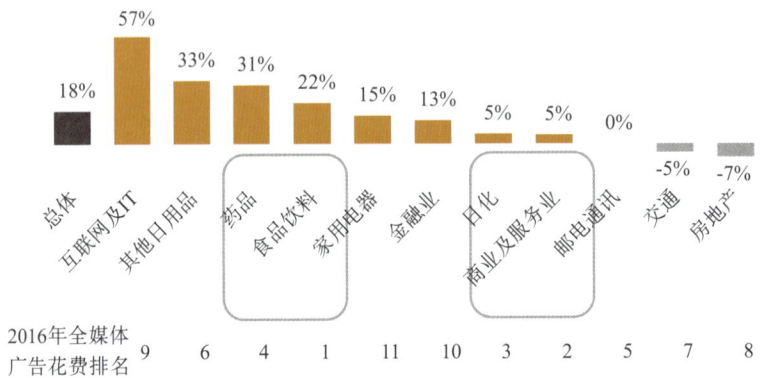

图3-3-6　2017年不同行业广告主对当年营销预算占比的预期净增

2. 营销广告主营销预算变化的原因

那么，影响广告主营销变化的原因有哪些呢？此次调研主要发现了四个方面的原因。

其一，环境变化。这里的环境既有宏观经济环境的变化，也有相对微观方面的消费者和媒介环境变化。媒介环境的变化主要体现在媒介环境的复杂化，媒体选择太多，新媒体不断涌现，在此环境下，有的广告主自认为他们对广告投放还是有些经验的，但是他们也有些看不懂了，其次好资源越来越贵，贵到买不起。在此背景下，安全的做法就是：一是为好的项目预留一定比例的增长，二是为对新媒体新事物小心尝试，不得不试。

其二，政策限制。这一点在国企、央企或者国企央企参股的企业中尤其常见。国家政策往往会对这些企业的投放造成一定影响。各种成本开支都要压缩，那么势必压缩了市场营销费用，无论总部还是下面的子公司，均受到不同程度的影响。

其三，业绩担忧。很多企业的市场营销预算与业绩挂钩，息息相关，当业绩达到一定程度的时候营销预算比例也会扩张；出于企业保利润的考虑，广告主对媒体的使用比以前要谨慎得多，属于收缩状态。

其四，标准缺失。广告主在某种程度上预算是不缺的，但是由于担心投放后的效果评估，所以不敢尝试，或者尝试之后不再做二次投入。某食品企业表示，"与某厂商合作开启了一个品牌专区，推进不是很顺利，没有量化的效果，没有第三方的监测数据，项目结束之后应该不会再继续做了"。

3. 营销预算谨慎背景下，硬广回归，终端加强，软广下滑

广告主的营销预算各项费用主要包括硬广、软广、终端费用、公关费用、中间商的维系和推广费用等几大块。2017年，在这几大块费用的投入也有新的动向。首先，2017年最为明显的趋势性变化之一是硬广呈现回归的态势。2017年广告主硬广投入净增加的比例达到31%，超过2016年15个百分点，一扭过去三年以来的下滑趋势。其次，与硬广增加相对的是广告主的软广投入呈现略微下滑的趋势，2017年广告主净增加的比例与2016年相比下滑了6个百分点。最后，广告主的终端推广费用在不断增加。"卖货"是广告主经常提到的一个高频词。当前广告主越来越务实，销售的转化往往成为其KPI考核最重要的指标，终端推广能够起到直接动销的作用，是促进销售的"临门一脚"，因此广告主在终端方面一直在加强。

硬广回归原因：硬广虽然存在着一些缺点，但是其高效、执行相对简便、效果容易测量的优点对于广告主来说是不可或缺的，尤其在新产品上市时硬广是必不可少的投入。如某饮料企业表示"投放还是以硬广为主，因为我们做快消的就很直白，做不透资源浪费，硬广的轰炸效果是需要的"。某保健品企业表示，"硬广非常重要，尤其在新品上市时，（保持一定）硬广比例肯定是需要的"。

终端加强原因：消费者越来越期待线上线下全渠道的消费体验，在新零售思维的导向下，广告主终端升级改造等客观因素也要求广告主加大终端投入。某广告主说"未来终端这一块会适当加强，因为我有大的体验店，大的体验店会增加成本。""宁愿把这些钱用于营销，

(通过)业务员回馈用户"。

软广下滑原因:近两年品牌动辄上亿元的综艺、影视剧植入博得了很多消费者的眼球,也取得了良好的营销效果。但是相比硬广而言,植入虽然具有很多优点,但是资源与需求的脱节比较严重,其项目成本越来越高、植入比较生硬、执行流程较为复杂、选择和评估存在难点已经是不争的事实,一个大的植入项目往往需要牵扯企业多部门之间的协调和资源整合,并且要承担相当大的风险。因此,广告主对于软性广告的利用显得更为谨慎。某日化企业表示,"软广总体是有效的,但有两个条件,第一是对资源的要求特别高,现在好的资源都是上亿元的,就我们的预算来说压力较大。另外要看打法和玩法,比如植入电视台的栏目,需要与电视台有好的互动基础和机制。单纯的一方掏钱一方干活,投入产出不见得理想。"(见图3-3-7)。

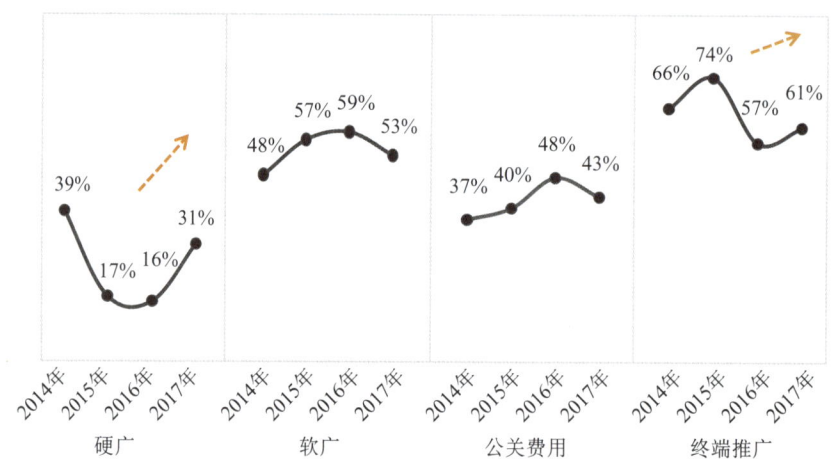

图3-3-7 各项营销预算增加的广告主比例

三、广告主营销区域选择继续下沉

从广告主关注的重点市场来看,2017年广告主最重视二线城市,一线次之。从不同规模的企业来看,也呈现不同的特点,大企业营销活动下沉,小企业向上线城市发展,大企业和小企业相互渗透对方的核心市场。

目前,一线城市的市场竞争成熟,商品种类丰富而齐全,而二线城市的市场还未饱和、消费水平较高、仍然有开发空间,二线城市成为广告主重点关注的市场。其一,从2017年广告主开展营销活动的重点市场和区域来看,二线城市的选择比例高达70.9%,高于一线城市3.3个百分点。其二,从广告主2017年优先考虑增加营销费用的城市上看,二线城市也获得超过一线城市7.7个百分点的领先优势。

从不同预算规模的企业来看,大企业偏向于营销下沉、小企业则倾向于向一线城市发展,大企业和小企业在相互朝着对方的核心市场前进。但是大企业在进行市场下沉的时候往往会遭遇"水土不服"的问题,中国的低线市场情况十分复杂,与一线城市市场差异很大。而规模相对较小的企业扎根于低线市场,进入一线市场也面临着来自各方面的挑战和压力(见图3-3-8)。

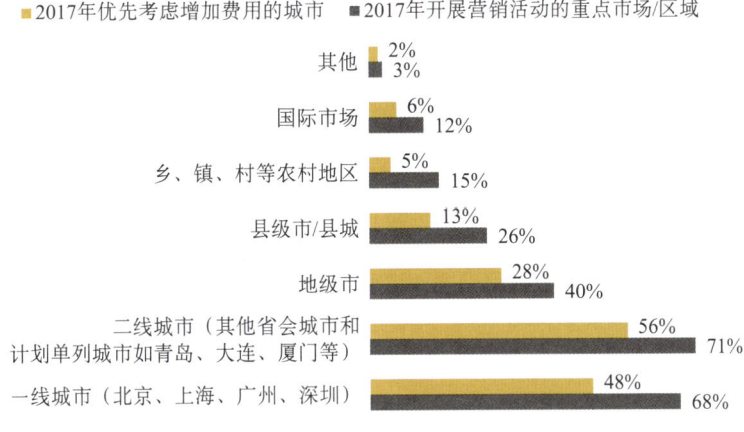

图3-3-8　2017年广告主对各级别市场的关注对比

四、广告主的媒体策略:选择依据和有效性注重品牌形象和实效转化

媒体策略是广告主营销策略的核心之一。广告主怎么看媒体、怎

么选择媒体、怎么用媒体是值得思考和研究的。2017年广告主选择媒体的标准中,受众契合度稳居第一,与此同时对于媒体形象的要求变得更高,媒体不仅需要精准还要能够拥有良好的品牌形象。在广告有效性的标准中,品效合一成为趋势,也是广告主的现实需求。目前电视等传统媒体在推出实效广告类产品,网络媒体也开始强调自身的品牌构建效果,媒体相互融合,这也是适应广告主品效合一需求的表现。

1. 广告主选择媒介的依据:媒体形象和影响力优先于创新能力

随着技术的发展,营销、广告的手段、渠道也日渐丰富立体,时下正处于风口的VR、AI、直播、网红也备受推崇。那么是否可以认为媒体要吸引广告主需要在玩法上有更多的创新呢?答案是肯定的,但是也许并没有那么重要。媒体的品牌形象和影响力不能忽视。新技术、新手段虽然有其优势,但是仍然存在很多不确定性。调查结果显示,广告主最为看重的首先是受众的契合度,其次是性价比和受众规模等量化指标,媒体影响力和形象2017年上升到第四位,媒体创新能力则排在第五位。相对于媒体的创新而言,建立和提升自身的形象和影响力或许更为重要。当今科技的发展对于创新来说并不存在太大的障碍,但建立媒体自身的形象和影响力却不是一朝一夕就能够实现的,不仅需要长期的日积月累,更需要随时保持积极的心态,不为眼前的利益所动。

除了媒体的形象和影响力之外,我们还能够通过调查清晰地看到广告主对品效合一的追求。广告主选择媒体进行传播要达成的目标可以归纳为两个:品牌效果和销售效果。近年来随着互联网的发展,传播和销售之间的距离越来越短,在某种程度上甚至实现了传播即销售,品效合一不再是一个不能完成的任务。当前广告主对传统媒体也有了销售转化上的需求,对于互联网媒体有了品牌塑造上的需求,对于所有媒体品效合一的需求越来越强烈。在经历了对销售转化的狂热追求之后,广告主对媒体形象的关注度回升,期待真正实现品效合一。但是品效合一的真正实现,需要打通销售数据和品牌数据,如何构建一个能够统一监测二者效果的综合评估体系是目前的难点所在（见图3-3-9）。

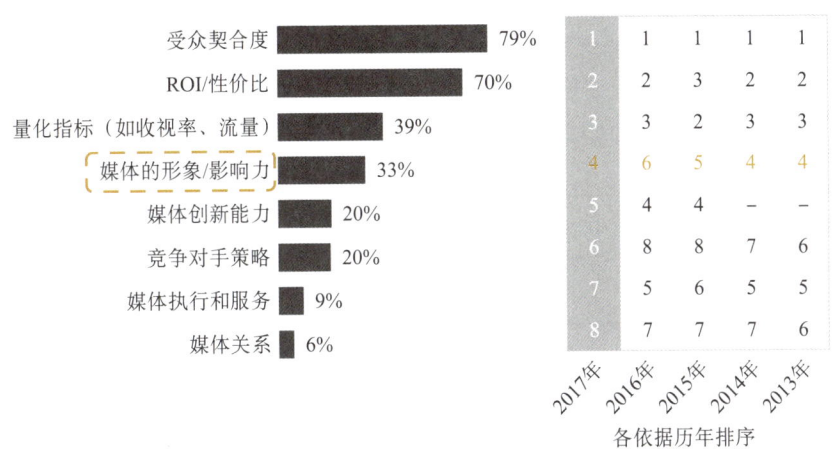

图3-3-9　2017年广告主选择媒体的主要依据

2. 广告主判断广告有效性的依据：实效转化和品牌提升

广告主在评判广告是否有效上，实效转化、品牌提升是两大判断标准，同样体现了广告主对于品牌和效果的追求。调研数据显示，销量/销售额/市场占有率提升选择率达到了75%、曝光量/访问量/转化率的选择率达到了55%、品牌知名度提升达到了54%，这三类指标是广告主评判广告有效性的主要标准。品效合一不仅是趋势，也是广告主品牌传播的现实需求（见图3-3-10）。

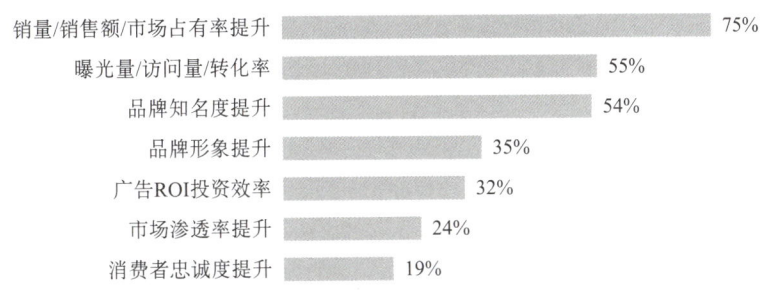

图3-3-10　广告主判断广告活动有效性的标准

综上所述，随着广告主对经济形势和自身业绩增长判断的趋稳和理性，也影响其营销策略调整比往年呈现更加理性的趋势，更多地务实和追求实效性，这意味着广告创意、媒介内容、营销推广策略都将围绕企业的品牌和产品需求点来设计和考虑。

（本文作者：毛继萍，CTR 战略发展部；张弛，中国传媒大学）

3.4 广告主媒体预算分配及对各类媒介工具的运用变化

广告主是整个媒介产业化的起点，也是广告市场全产业链上第一张多米诺骨牌。所以，我们在看到广告主预算花费理性加强的同时，更关注他们对不同媒体类型和具体媒介工具的应用。调查结果显示，广告主对媒体预算的分配依然更为倚重传统媒体，尤其那些与人们日常生活相关的行业，新媒体也表现出明显的增长趋势，如移动互联增长，在广告主花费预算中占比依旧很小的 OTT/IPTV 也出现明显增长。

一、广告主的媒体预算分配更为倚重传统媒体

从 2016 年媒体费用分配上看，传统媒体占六成，新兴媒体占四成，传统媒体依旧是广告主最为倚重的传播平台。从 2017 年预期的变化趋势上看，互联网继续快速转向移动端，户外增长，OTT 脱颖而出，纸媒逆势增长。并且预算规模越大的广告主，越重视对传统媒体的运用，互联网企业更被中小预算规模的广告主需求。从行业上看，日化、金融、房地产、食品饮料等行业对传统媒体更为倚重。

1. 2016 年广告主全媒体预算分配：传统媒体占六成，新兴媒体占四成

2016 年，广告主在电视、纸媒、广播、传统户外上的媒体费用支

出占到总支出的六成，传统媒体广告预算依然占据主要份额。电视依然占据了领先地位，其占比达到30%。除传统媒体效果更直接有利于品牌的快速传播外，其操作流程和效果评估体系也相对更加健全，广告的投入产出效果也比较清晰。以PC互联网和移动互联网为主体的新兴媒体的占比达到四成。

传统媒体对于广告主具有高度依赖性。某金融机构："选择大众传媒，因为一个大品牌必定是要保持发声的，讲究的是品牌曝光"。尤其对电视媒体的选择，对很多大企业来说，每年档期稳定，主要考虑到电视媒体的覆盖微妙，内容制作能力强，可以全方位调动感官。某食品饮料企业："每年营销预算大体都是那么多，占大头儿的基本还是电视"，"因为食品这个品类必然还是强调色香味，只有电视媒体调动的感官更多样"。某3C企业："电视的覆盖比较微妙，赶上某个热剧，会有意想不到的效果"。某保健品："电视是寡头垄断效果"，"电视制作内容能力越来越强大"。

广告主在互联网媒体运用上创新不断，越发成熟。但由于评估体系尚未健全、缺乏客观的评估标准和评估数据，因此很多新媒体形式仍处于尝试阶段。某银行："对于新媒体，广告主处于一个迷惑期，大家都看好，但手机方寸之间就是这么大的一个屏幕，虽然很时尚、很美，但对于广告主去接受还是需要再看看的。"某大型汽车企业："我也不太认为那些自媒体，新媒体就能够取代原来的所有的传统媒体，我觉得今年新媒体差不多这两年冲到最大了，接下来就该大浪淘沙了。"参见图3-4-1。

2. 2017年全媒体广告预算分配预期变化趋势：互联网继续快速转向移动端，户外增长，OTT/IPTV脱颖而出，纸媒逆势增长

从连续两年的数据来看，也有许多值得关注的地方。

其一，移动互联网上升的趋势较为明显，PC端互联网广告占比在下降。随着网民的全面移动化，广告主数字营销的战场从PC端向移动端转移，费用投入也呈现同步变化的趋势。2017年预期移动互联网、

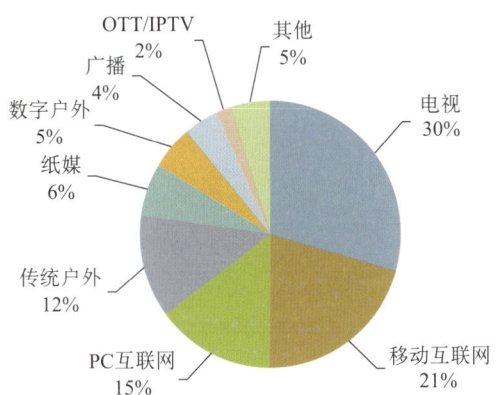

图 3-4-1 2016 年全媒体广告预算分配

数据来源：CTR《2017 中国广告主营销趋势调查报告》。

PC 互联网较 2016 年分别增加了 7 个百分点和减少了 6 个百分点。广告主认为移动端具有直达客户、与年轻人互动、移动端电商成交量高的特点。某金融机构："倾向于选择一些能够直接到达客户的媒体，比如说移动端"。某食品企业："可能他们更想做的是 H5 的互动类似的，就是那种很无厘头的东西，来跟他互动，反而会觉得这个品牌其实是一个有意思的"。某电器企业："我们的电商成交 65% 在移动端，今年可能还稍微减少，基本上移动端作为一个主要载体"。

其二，户外媒体呈现出良好的增长性，2017 年预期费用较 2016 年预期增加了 5 个百分点。2016—2017 年以楼宇视频、影院媒体等为代表的生活场景类停留媒体得到了广告主的认可，拉动了户外整体的增长。广告主说："现在媒体太碎片化，被动式户外媒体有优势，比如电梯里你只能看广告"。"我们的产品更适合户外媒体曝光。比如楼宇、机场高铁、好地段的地铁站等，受众的整体质量要好一些"。

其三，OTT/IPTV 脱颖而出。2016 年随着智能电视的逐步渗透，OTT/IPTV 成为广告主营销的新关注点，费用占比增长 2 个百分点达到 3%。广告主认为 OTT 具有基数扩大、用户年轻、广告环境好、可想象空间玩法多、监测系统完善的特点。某电器品牌："OTT 我们很看好。第一，OTT 用户基数越来越大，现在互联网电视基本占到 90%；第二，

OTT人群相对比较年轻，比如小米、乐视，但是这个未来不好说；第三，OTT广告环境比较好，比传统电视环境好，它的目的就是来替代传统电视硬广；第四，OTT广告监测系统比较完善；第五，可想象空间比较大，玩法也会多一点，因为它是基于路由器，就是说跟整个家庭整个网络打通，这样对于数据的捕捉会有想象空间。"某大型饮料企业："新的东西很愿意去尝试，去了解和研究，但是目前有些乱，没有统一标准规范，比春秋战国还乱。做新东西就像少量投资的概念。""企业会拿少量预算出来做新东西，目的：一是在行业树立标杆作用，二是吸引年轻人"。

其四，纸媒在2016—2017年迎来了逆势增长。纸媒在过去很长的一段时间内一直处于高速下滑的状态，但在2017年广告主预期投放中，纸媒逆势上升了2个百分点。其中部分原因是软文类的公关费用在不断上升。广告主认为纸媒具有内容约稿、信息承载性好的特点。某银行："纸媒是带着内容的，有约稿，这是投放大头"某汽车企业："汽车行业也不能说特殊性。因为他是要做地方的。因为很多地方要连接这些信息，不可能在一个全国性的广告画面上列全部信息，只能列400电话。但是很多时候我们需要列经销商的信息，所以这个时候就只能投地方性的报纸。只有报纸，虽然报纸现在没有人看，但是只有报纸能满足这个要求。你在一个省，比如在四川省要把所有电商广告都列上去，报纸的信息承载性是最好的"。

从变化趋势上看，传统媒体和新兴媒体之间存在蛋糕重新瓜分的可能性较大，但是我们认为，新媒体完全取代传统媒体是不可能的，因为每一种媒体都有它独特的价值，此消彼长在所难免，最后一定会达到一个广告主所认同的平衡（见图3-4-2）。

3. 大企业、与人们生活相关的行业越重视传统媒体

从不同规模企业来看，企业规模越大越重视传统媒体，而中小企业互联网预算占比更大。从数据上看，大型企业和超大型企业的传统媒体预算占比均在65%或以上，而小微企业的传统媒体占比不到一半，

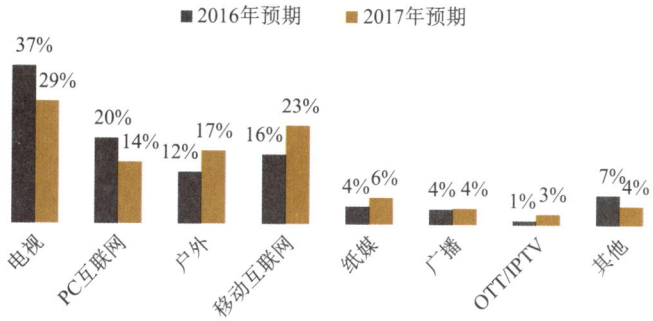

图 3-4-2　全媒体预算分配预期的变化

小微企业一半以上的媒体广告预算花费在互联网媒体之中。从这样的对比中我们可以发现，大企业对于传统媒体依然非常重视，而互联网媒体则抓住了中小企业的投放需求（见图 3-4-3）。

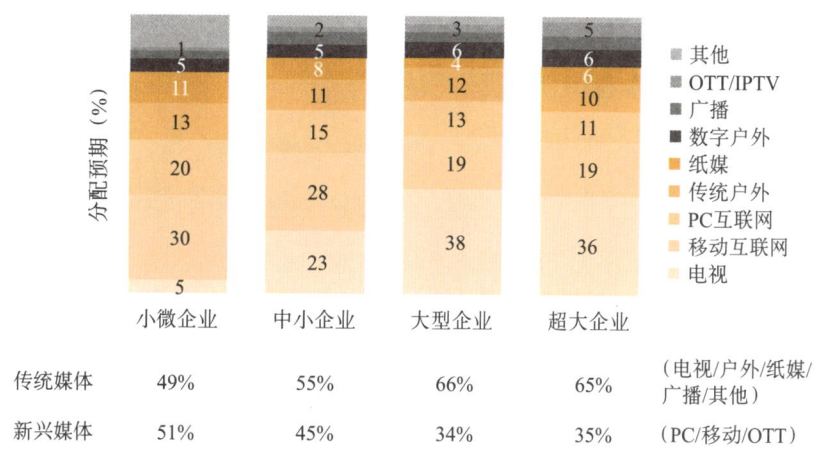

图 3-4-3　2017 年全媒体预算分配预期

从不同行业来看，食品饮料、药品、邮电通讯和房地产等行业对传统媒体的依赖性比较强，互联网及 IT 对传统媒体的依赖性较弱。包括汽车在内的交通行业在新兴媒体的尝试上走在了传统行业的前面，日化行业虽然依然较为倚重传统媒体，但是在互联网媒体上的投入同样不可忽视。过去一年，无论是网络营销的佼佼者如老牌日化巨头，还是本土日化企业品牌，在网络传播上都有不俗的表现（见图 3-4-4）。

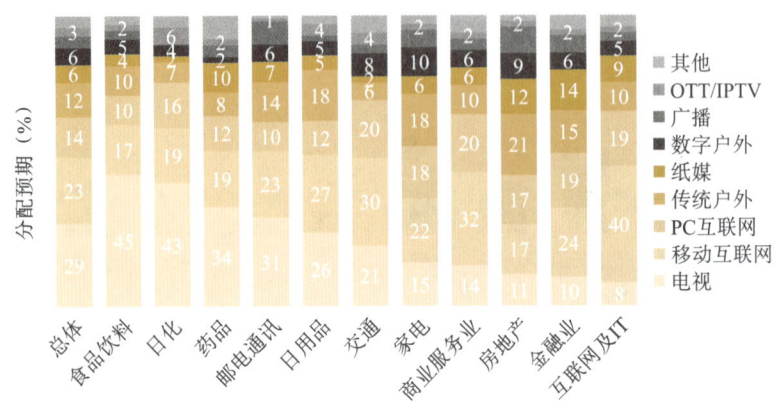

图3-4-4 2017年分行业全媒体预算分配预期

二、广告主对各类主要营销工具的运用各有不同

2016—2017年广告主对于各类营销工具的运用展现出了很多的亮点。电视：电视媒体在经历了2015年的拐点之后，格局趋于稳定，大企业更加重视电视媒体的覆盖面和品牌价值，更加倚重央视；OTT电视在2016年脱颖而出，未来或将迎来爆发式增长；广告主植入广告进入常态化运营阶段，但是效果评估依旧是难题。户外：户外媒体中的停留类媒体优势凸显，地铁、影院、机场类户外受青睐。互联网：精准投放和互动性强是广告主认为网络媒体的优势所在，全面移动化是趋势，但是广告主在网络媒体的运用依旧存在许多困惑。

（一）广告主电视媒体的运用

1. 电视近两年格局趋稳，大企业更加重视头部媒体的品牌价值

在经历了2015年的拐点之后，电视在2016年到2017年保持了相对稳定的态势。2016年广告主电视广告费用占比为29.6%，2017年预期电视媒体花费占比为28.6%，呈现企稳的态势。从各级电视格局上看，卫视和央视保持增长，占据了电视媒体的七成份额，并且有越来越集中的趋势。从2016年合计占广告主电视广告预算的69%将增长到2017年的预期72%（见图3-4-5）。

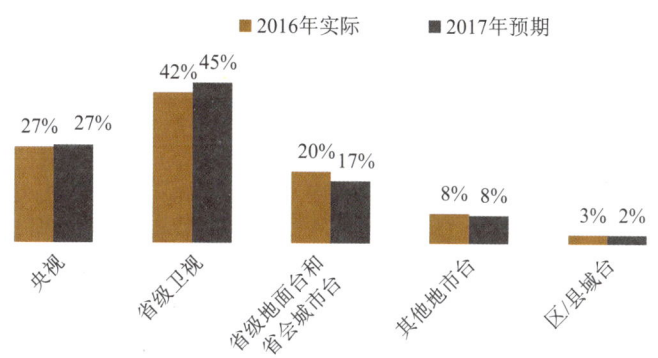

图3-4-5 2017年电视广告预算分配

具体到不同规模企业，企业越大对央视和卫视的倚重程度越高。调研数据显示，超大型企业2017年预期央视和卫视的费用占比分别达到41%和40%，合计占比超过八成。而小微企业央视费用占比为15%，卫视占比为42%，两者合计占比不超过六成。大企业更加重视全国性媒体的覆盖面和品牌价值，央视的导向引领和权威背书是广告主重视的。广告主说："央视引领导向，也能把握文化自信。这种大气，国有企业很需要"；"投放电视主要是为了权威的背书，消费者能看到电视广告，可能说明这个企业有一定实力；也为了品牌氛围的营造，最起码在电视上能看到"。央视于2016年推出的"国家品牌计划"既是对国家民族品牌的支持，也是对国家品牌权威、大气的背书，吸引了很多品牌主的关注和进入（见图3-4-6）。

具体到行业的电视媒体选择来看，金融业最重视央视的权威性，在央视的投放远远超过了其他卫视的投入，日用品、邮电通讯行业的广告主则对央视和卫视同样倚重。其他行业均是卫视占比超过央视，尤其日化行业占比更是达到了77%，远超其他行业，近年来卫视综艺、影视剧的冠名和植入频现日化企业身影，其投入的重视程度可见一斑。

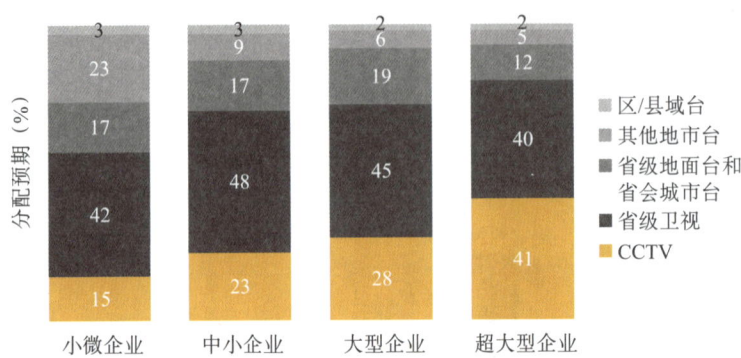

图 3-4-6 2017 年不同规模广告主电视预算分配预期

而房地产和商业服务性行业对区域化、本地化的传播和销售要求较高，因此与本地化的其他地市台的联系较为密切，投入占比均在 20% 以上。某快消企业如是说："因为我们所谓的快消品是所谓的大众产品，重点是沟通潜在客户，覆盖普通大众，从电视来讲，我能覆盖到所有掏钱的这部分群体，我还是会去做。"（见图 3-4-7）。

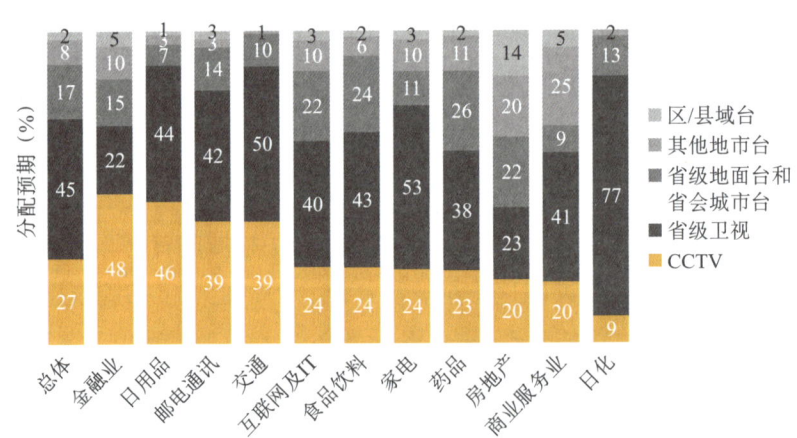

图 3-4-7 2017 年不同行业广告主电视预算分配预期

2. 广告主 OTT/IPTV 电视的运用：2016 年脱颖而出，未来或将迎来爆发式增长

随着互联网电视、电视盒子等的逐步渗透，OTT/IPTV 电视成为下一个风口所在。调研数据显示，2016 年已经有超过 23% 的广告主投放了 OTT/IPTV 电视，较 2015 年的 13% 大幅增长了 10 个百分点，可谓脱颖而出。20% 通常是一个从萌芽质变到爆发的临界值，OTT/IPTV 广告市场正处于爆发的前夕（见图 3-4-8）。

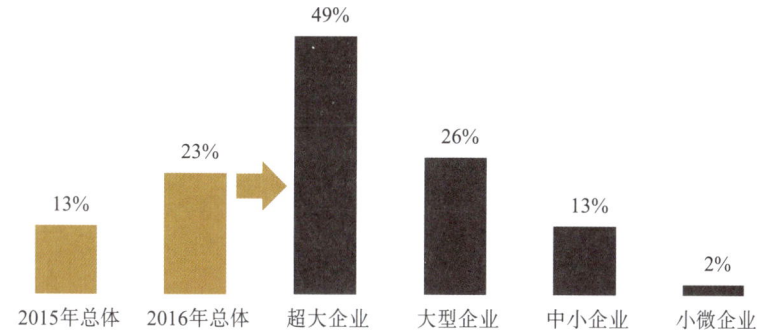

图 3-4-8 2016 年不同规模广告主 OTT/IPTV 投放比例

2017 年预期广告主 OTT/IPTV 广告的费用占比将达到 2.5%，并且企业规模越大，投放越积极，显示出了大企业对于 OTT/IPTV 广告的认可。数据显示，有近一半的超大企业已经投放了 OTT/IPTV 广告，费用占比上超大企业 2017 年预期投入将翻一番，从 2.6% 上升到 5%，增加明显（见图 3-4-9）。

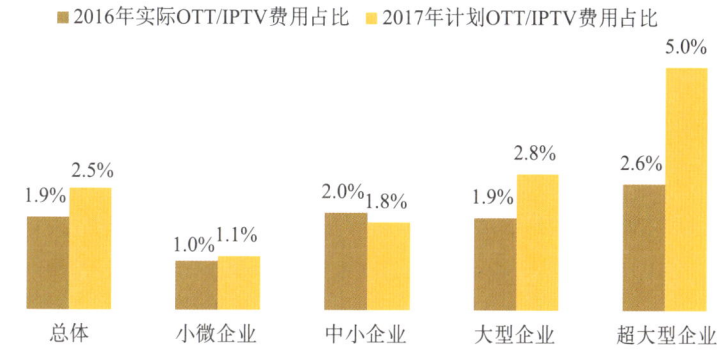

图 3-4-9 OTT/IPTV 在全媒体预算分配中占比

从行业上看，交通、日化和邮电通讯行业运用 OTT/IPTV 广告较为积极，渗透率相对较高，运用的比例均在 30% 以上（见图 3-4-10）。

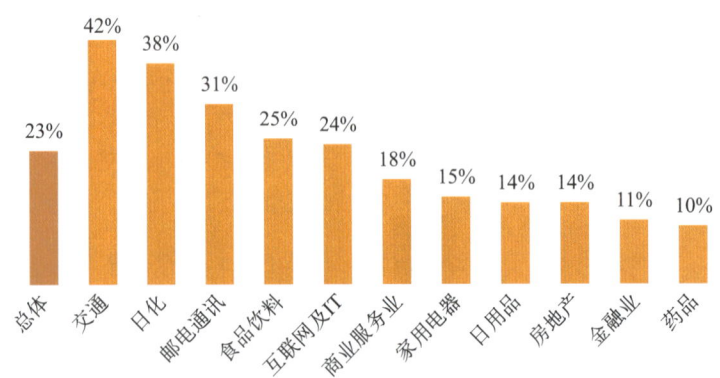

图3-4-10 2016年不同行业广告主OTT/IPTV投放比例

从投入的占比上看,日化和交通位居前二,投入增幅大(见图3-4-11)。

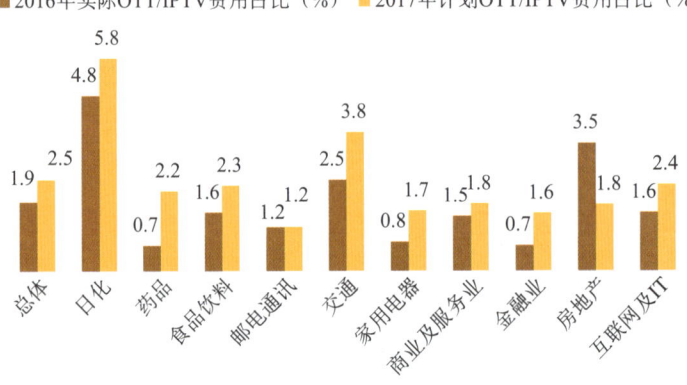

图3-4-11 OTT/IPTV在全媒体预算分配中占比

互动、精准、领先和创新是广告主选择OTT/IPTV投放广告的四大原因。其中能够实现多屏互动的选择率达到54%;精准投放,提高电视广告曝光效率的选择率达到48%;看好前景提前布局的选择率达到43%;形式多样广告创新空间大的选择比例则达到39%(见图3-4-12)。

从广告形式上,OTT/IPTV现阶段是对传统电视大屏的延伸,广告主对开机大屏广告、内容广告和节目前后贴或插播广告均有较好的接

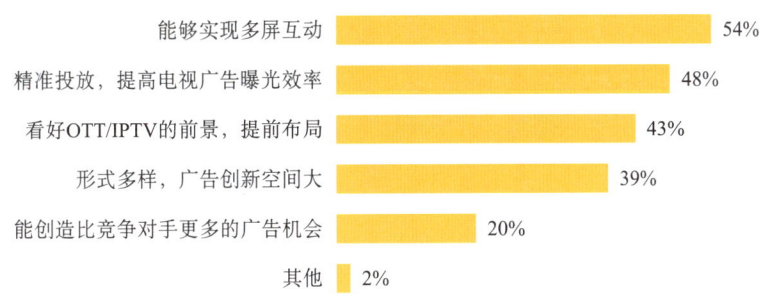

图 3-4-12　广告主选择 OTT/IPTV 投放的原因

受度。其中，开机大屏广告最受广告主欢迎，选择率达到 63%（见图 3-4-13）。

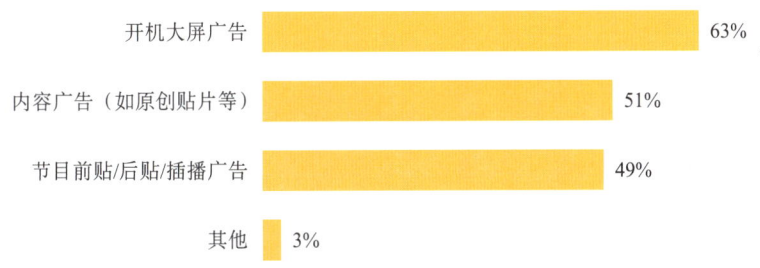

图 3-4-13　广告主倾向于选择的 OTT/IPTV 广告形式

从测量技术上，又是互联网广告的延伸，有 62.3% 的广告主认为其监测和效果评估体系应当更接近互联网媒体。因此，OTT/IPTV 广告既有传统电视的广告价值，同时又要用新的技术方法进行测量，OTT/IPTV 是媒体融合大潮下的产物，也是电视大屏广告发展的必然趋势。那么，OTT/IPTV 广告的发展到底会对传统电视广告造成多大的影响？70% 左右的广告主认为电视目前依然是不可替代的传播平台，OTT/IPTV 是对电视媒体有益的补充，以客厅为中心的大屏互动营销价值在逐渐提升（见图 3-4-14）。

OTT/IPTV 广告未来发展还需要实现受众规模的突破，并完善监测和评估体系。数据显示，广告主不选择 OTT/IPTV 广告投放的首要原因是缺乏客观评估数据，很难评估效果；其次是受众规模不够大。未来

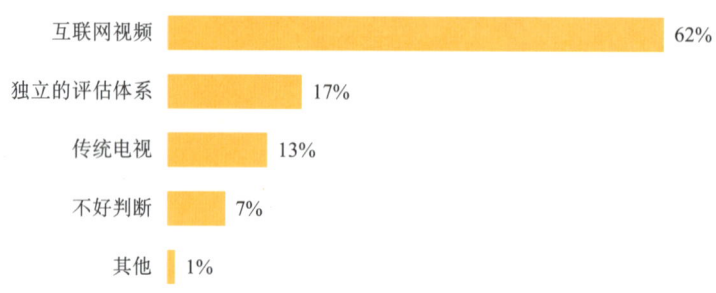

图 3-4-14　广告主认为 OTT/IPTV 监测和效果评估更接近的媒体

OTT/IPTV 若要想实现更大的发展,这两点都需要实现突破性的进展。某食品企业打算放弃 OTT 原因:"效果不很好,没有量化结果,项目推进也不太顺利,OTT 的权益也是一些非常规的权益,缺乏第三方的监测数据。"(见图 3-4-15)。

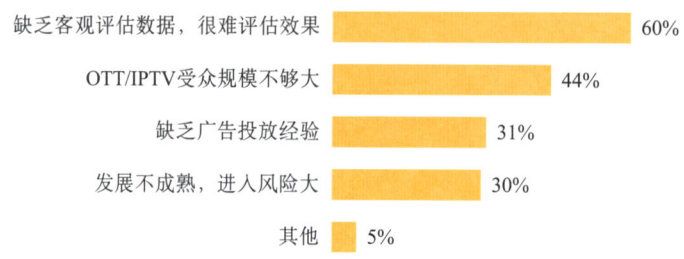

图 3-4-15　广告主不选择 OTT/IPTV 投放广告的原因

3. 广告主植入广告的运用:常态化,效果评估依旧是难题

在硬广效果下滑的背景下,软性植入以其自然性、良好的广告接受度、多样的玩法吸引了广告主的注意力,得到了广告主的认可。经过多年的探索和尝试,2016 年超过七成(73%)的广告主已经做过植入广告,植入广告已经成为广告主的常规动作之一。虽然广告主对广告的植入褒贬不一,但是对植入的运用之多是不争的事实。

从广告主投放的植入广告类型来看,广告主最为青睐电视节目或影视剧前期的合作。前期合作能够收到较好的植入效果,从节目脚本创作甚至是策划的时候就开始参与其中,这样能够达到更加自然的植入效果。其次才是后期合作。2016—2017 年中国网综、网剧发展迅速,电影市场在不断扩大,使网综、网剧、电影也成为广告主植入的新标的(见图3-4-16)。

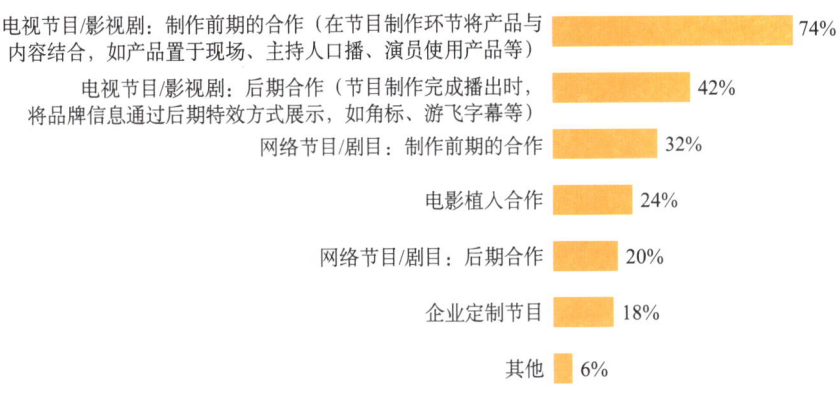

图3-4-16　2016年投放过哪些类型的植入广告

企业预算规模与植入广告的运用程度成正比关系,企业越大,运用植入广告的比例越高。企业预算较多往往能够在植入上有更多的尝试,当前优质植入资源上亿很常见,投入门槛决定了不同企业的运用程度。

从行业上看,植入的运用与行业对广告投入依赖性强弱有关,广告投放量前三的行业商业及服务业、日化、食品饮料植入广告现阶段最多,未来广告投入较多的药品行业也将增加对植入广告的预算比例(见图3-4-17和图3-4-18)。

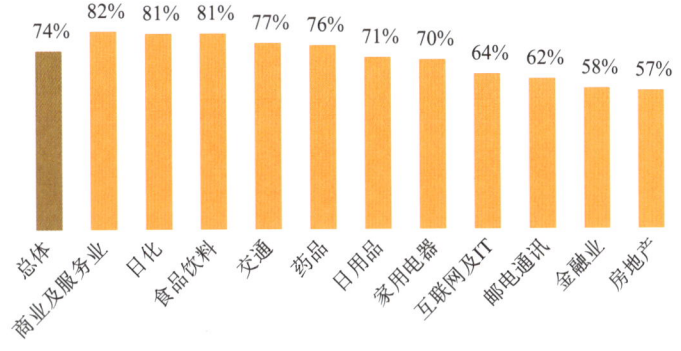

图3-4-17　2016年不同行业广告主植入广告使用比例

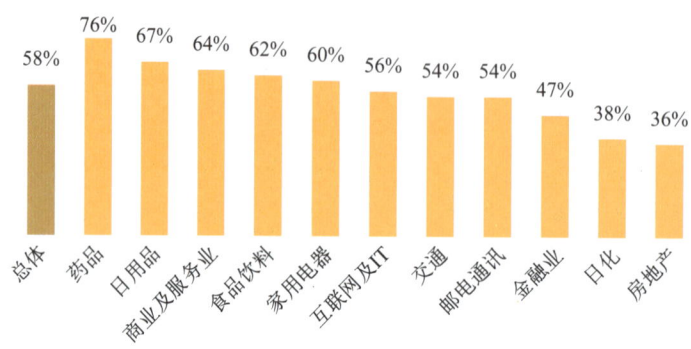

图 3-4-18 不同行业广告主未来会增加植入广告预算的使用比例

2017年广告主植入广告有新的动向。数据显示，2017年广告主营销预算分配中软广的净增加比例出现了6个百分点的下滑。结合定性分析，可能有以下几个方面的原因：一是优质影视剧和综艺资源价格水涨船高，很多企业考虑到投入产出，减少了对植入的投入；某国内一线日化企业表示，过去与热门综艺进行合作，是觉得价格还能接受，然而在接下来的几期价格飞涨，觉得投资回报率不高，因此停止与其合作。二是当前植入的影视剧和综艺非常多，广告主选择困难，尤其是在当前内容评估体系还不健全的背景下，植入存在着很大的风险。三是植入合作的流程较长，过程也比较复杂，企业往往需要多部门之间的联动和资源协调才能够做好植入，如某车企与《奔跑吧兄弟》之间的合作就调动了媒介部、企业公关部等多个部门的资源才足够支付投入费用。四是目前服务商出现创新瓶颈，提供的植入广告资源和方式较为生硬，这也是诸多植入遭到观众诟病的一大原因。调查显示，有74%的广告主认为目前服务商提供的植入广告资源和方式较为生硬。某些不加控制和生硬的广告植入虽然为广告主带来了关注度的提升，但是伴随的多是吐槽等负面口碑，对于广告主而言究竟是好处大于坏处还是坏处大于好处不好说。五是因为目前植入广告的效果评估体系还不健全。有83%的广告主认为目前植入广告的效果评估体系还不健全。这些问题对广告主投入既是难题，也是突破口所在。这些因素也促使广告主对于植入的狂热正在逐渐消退并回归到更为理性的状态

（见图 3-4-19）。

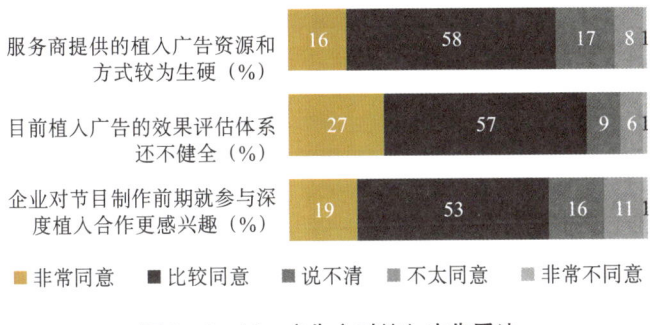

图 3-4-19　广告主对植入广告看法

（二）广告主户外媒体的运用：停留类媒体优势凸显，地铁、影院、机场受青睐

户外媒体近两年来焕发出了新的活力，其中很大一部分原因是楼宇视频、地铁、影院等新型户外媒体的发展。2017 年广告主户外媒体运用，停留类媒体优势凸显，地铁、影院、机场备受广告主青睐。数据显示，2017 年预期广告主会增加运用的户外媒体中影院类、地铁类、机场类户外，广告主选择率增幅均在 6 个百分点以上。公交车类和高速公路类降幅最大。在 2016 年广告市场中电梯电视、电梯海报、影院视频的广告刊例花费增速分别是 22.4%、24.1% 和 44.8%，远高于广告市场整体 -6% 的增速，对于广告市场的拉动分别达到了 1.2 个百分点、0.5 个百分点、1 个百分点，仅次于互联网对于广告市场的拉动。[①]（见图 3-4-20）。

户外可以分为传统户外和数字户外，数字户外由于其更好的互动性和品牌表现力逐渐获得了广告主的认可，目前传统户外依然是广告主投入的重点，但广告主数字户外花费占比已经超过 5%，接近广告主在传统户外费用占比的一半。在五大类数字户外中，商务楼宇液晶电视和电梯海报最受广告主青睐。国内楼宇液晶电视和电梯海报巨头分

---

① CTR 媒介智讯《2016 年中国广告市场回顾》。

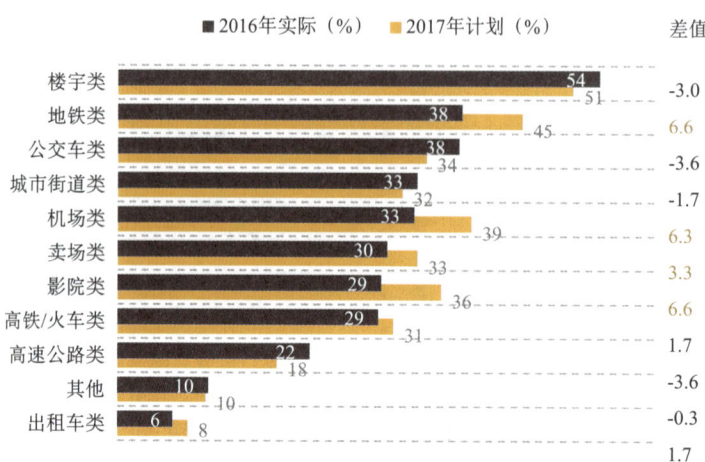

图 3-4-20 户外广告渗透率及变化

众传媒在 2016 年的营收达到了 102.13 亿元,增长率达到了 18.38%,利润总额增加了 34%。① 也从一个侧面证明了广告主对国内楼宇液晶和电梯海报的认可(见图 3-4-21 和图 3-4-22)。

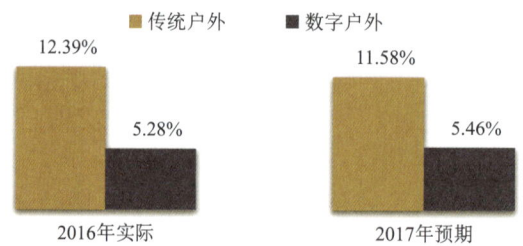

图 3-4-21 2016—2017 年预期广告主传统户外和
数字户外媒体花费占比变化情况

注:数字户外指的商务楼宇液晶电视、卖场液晶电视、空港媒体(机场、港口内的数字媒体)、移动户外(公交车、出租车、列车、飞机内的液晶/数字电视)、电梯海报五类户外媒体。

抓住消费者的生活场景,拥抱技术和数据让户外在传统媒体下滑的背景下赢得了增长,2016 年到 2017 年户外创新的营销案例不断。户

---

① 数据来源:2016 年分众传媒财报。

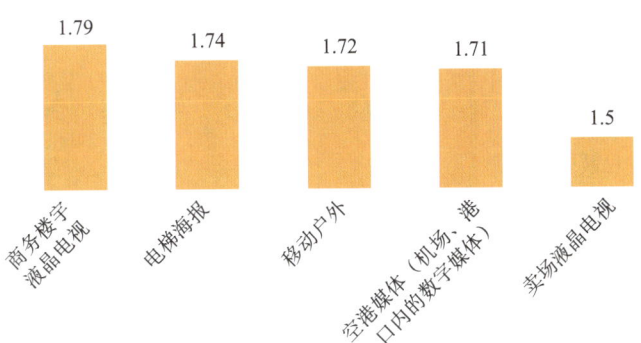

图 3-4-22　2017 年预期广告主数字户外媒体的选择指数

外日益成为引爆线上二次甚至多次传播的源头，如网易云音乐在杭州地铁上的推广互动在网络上引起了刷屏，达到了良好的品牌传播效果，网易云音乐的用户数节节攀升；户外也能够成为广告主销售转化的"临门一脚"，如分众传媒通过电子屏发放优惠券或者直接引流到线下店铺均为广告主创造实际销售转化价值。分众传媒也在 2017 年纽约广告节上获得了中国品牌传播大奖，表明了业界对其的认可。随着国内地铁、机场、影院等基础设施建设和城镇化的推进，未来户外广告资源量还会得到进一步释放，户外广告市场会迎来新一轮的发展。

（三）广告主网络媒体的运用：精准投放和互动性强是优势，全面移动化成趋势，但依旧存在诸多困惑，广告主对待数字营销更加理性

相对于传统媒体，互联网的优势主要在于精准投放和互动性强，移动互联网相较于在这两方面优势更为明显。移动互联网在二次传播力上要明显优于其他媒体。广告主 2017 年预期网络媒体花费占比将达到 37%，较 2016 年增加 2 个百分点。网络媒体已经成为广告主整合营销的核心传播平台（见图 3-4-23）。

随着网民的全面移动化，广告主网络媒体费用分配上也在朝着全面移动化的方向发展。数据显示，2017 年广告主网络媒体花费移动端占比将达到 62%，较 2016 年提升了 3 个百分点，并且连续四年上升，广告主营销费用投入的全面移动化已成不可避免的趋势（见图 3-4-24）。

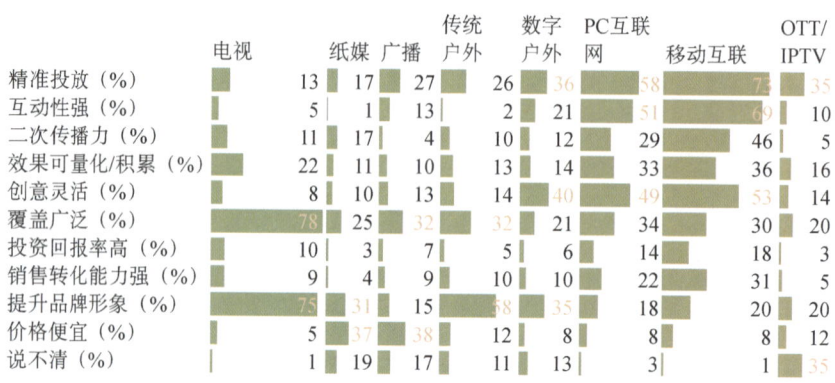

图 3-4-23　各类媒体优势对比

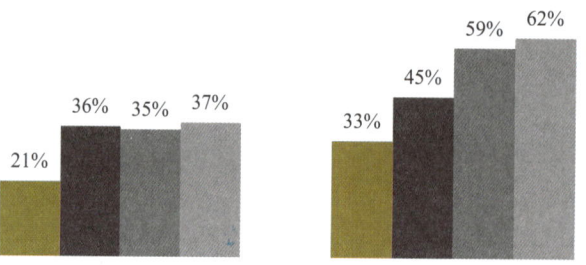

图 3-4-24　广告主媒体预算中网络媒体花费占比变化
和移动互联网在网络媒体中占比变化

随着技术和数据的进步以及消费者的互联网化，广告主在网络媒体上不断加大投入，但是也存在着很多困惑。

首先，数字媒体产业复杂的供应链导致了一系列问题，给广告主造成了极大的困扰，主要问题包括以下方面：透明度、衡量标准、广告延迟时间、竞价排名、隐私问题、可视性、广告欺诈、广告拦截、碎片化、品牌安全等。以广告欺诈为例，秒针的一项调查数据显示，PC 和移动端的异常曝光率分别达到了 12.76% 和 12.7%。[①] 虚假流量

[①] 秒针：《秒针 3.15 异常流量报告 2017 版本》。

导致的美国广告主经济损失预计在2017年达到65亿美元[①],对于中国广告主虚假流量造成的损失同样不可忽视。某广告主说:"程序化购买的理论大家都明白,实际操作就像迷。技术上没问题,但数据不开放,回头追DMP是否有效就是一个黑盒子。现在的大数据分成阿里系、腾讯系等几个大系,DSP数据很散。如果我确定目标受众就在某个大系里,一个大系里的数据还好,比如优酷和阿里。我们希望数据库本身是优质的,并且数据库能打通。"某广告主说:"对于新媒体,广告主处于一个迷惑期,大家都看好新媒体和移动互联网,都认为前景很好,但手机方寸之间就是这么大的一个屏幕,大家对广告效果困惑和疑虑的新媒体虽然很时尚、很美,但对于广告主去接受还是需要再看看的。"

其次,数字媒体的效果评估体系依然是痛点所在。2017年有60%的广告主认为数字媒体的效果评估体系目前很不完善。当前多屏成为常态,一个能够打通线上线下、数字媒体和传统媒体之间的多维效果评估体系亟待建立。某广告主说:"大数据的效果现在没有很好的体验,比如投优酷就用它自己的算法。方法论太多,每家媒体都有自己的方法"。宝洁在2016年调整了在脸书上精准广告的投放,并增加了传统媒体的投入。宝洁更是炮轰营销造假、不透明潜规则,并呼吁:"数字广告行业所需要的是公正、独立的第三方监测,以提高行业透明度。否则,宝洁将收回媒体采购的费用。"宝洁作为全球最大的广告主,对于国内企业多有引领作用,在中国,广告主同样对数字营销有更多的质疑,57%的广告主认为大数据言过其实,需要谨慎对待。更是有65.6%的广告主认为程序化购买也需要谨慎对待。可见,广告主在经过前两年对数字媒体的狂热之后,在2016—2017年明显呈现更多的反思和理性。

---

① 朱凯麟:《虚假流量导致广告主今年损失约65亿美元,这还算比去年好的了》,http://www.qdaily.com/articles/41433.html。

（四）广告主内容营销的运用：内容成为广告主营销核心驱动力

相较于其他营销工具，广告主认为内容营销的主要优势在于二次传播力和创意灵活。互联网时代，消费者与品牌接触的渠道得到了极大的拓展，消费者要求与品牌在网络上平等互动沟通。技术和数据让广告主拦截和触达消费者的能力变强，然而到达消费者之后还需要解决的一个更为重要的问题就是如何打动并走进消费者的内心。在与消费者互动沟通的过程中，内容日益成为核心驱动。在传播渠道极度丰裕化的背景下，优质内容的稀缺性反而凸显出来。

广告主在运用内容做营销上也有诸多尝试，期望能够"通过内容带货"。其一，广告主强化自身内容生产能力，朝着"品牌内容商"的方向发展。如可口可乐北美市场宣布成立北美社交中心即一个实时新闻编辑室，用来管理可口可乐旗下品牌（包括健怡可口可乐、芬达、雪碧）的社交媒体营销。这支由55人组成的新闻编辑室，聚集了来自品牌方、Agency（Possible，Havas）以及媒介机构的工作人员及高管。他们负责洞察分析消费者需求，制定内容和媒介策略等。可口可乐此举的背景正是意识到了内容在消费者互动沟通中的重大意义。国内也有越来越多的广告主强化自身的品牌或者策划部门，来强化自身的内容生产能力，以期能够实现与消费者良好的互动沟通。其二，广告主通过与优质内容绑定实现整合传播。时下热门的大剧营销、综艺营销，无一不是以优质内容或IP来驱动营销。虽然当前依然存在着简单占有头部资源而运作粗放等方面的问题，但是不可否认这是一种有效的营销手段。其三，将产品、品牌自身打造成优质IP。蓝月亮自2013年以来每年举办的月亮节，成功将自身与月亮做关联，并试图将月亮节打造成蓝月亮独有的品牌IP，不失为一种有益的尝试。再如白酒品牌江小白通过在产品外包装上的创新，通过其特有的文案，成功将江小白的个性化特征塑造成功，吸引了一大批拥趸。其四，品牌内容更高一层面就是品牌故事。品牌故事化的持续性叙说能够建构出意义，这种意义一旦得到消费者的认可,便能够持续性地建构关系并在潜移默化中影响消费者的认知。当前很多企业的危机其实都是品牌故事的构建与叙说危机。

(本文作者:毛继萍,CTR战略发展部;张弛,中国传媒大学)

金融行业广告主投放现状及趋势解析

金融行业以大型国资背景企业为主，他们普遍对本企业比较自信，未来预期较好，仅次于红得发紫的互联网行业对自身的预期，但是对整个行业、对国民经济整体持较为悲观态度，如果 10 分是完全乐观，对国民经济则只有 6.1 分的乐观度。近两年我国经济发展步入新常态，作为把控和熟知国家和企业经济命脉的金融行业，他们比其他任何行业都深刻感受到了这种新常态。但是对行业和自身业绩的预期还是良好（见图 3-5-1）。

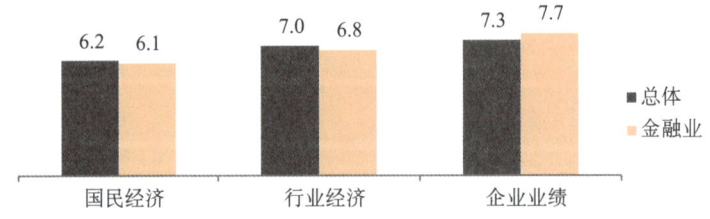

图 3-5-1 广告主对经济形势的打分（10 分制）

金融行业的广告投放随同国家经济的变化，于 2015 年前后经历了一次大的营销策略的转折调整，一方面是投放总量的普遍下调，另一方面是向"互联网+"的倾斜，但在近两年已经呈现基本稳定的投放态势。整体广告投放平稳，2017 年普遍预计企业广告投放与 2016 年接近，无明显大的变化。广告投放态势的稳定，意味着金融的相对稳定，企业和民众需求金融稳定。

一、金融产品的核心内涵发生变化，对广告效用要求提升

1. 信用重要性下降，便利性需求增加

金融产品首先是无形商品，所以信用是金融产品的基础。过去，金融企业首先会重视品牌建设，如利用中央媒体的权威性和可信度来背书品牌信誉和品牌地位，在广告投放上注重对品牌形象的宣传，增强品牌力。但是，随着互联网尤其是移动互联网的发展，互联网金融的应用和快速发展，尤其互联网在结算领域的扩张，金融产品的特性也在发生变化，增加了一些新的属性特点，如便利性、操作快捷化等。这对传统的金融产品和品牌都是新的挑战。B-T-B的大额金融需要继续讲诚信，讲实力，小额则需要体现便利和实惠，所以，对广告的销量促成和转化率要求提升，比其他行业更加关注销售转化（见图3-5-2）。

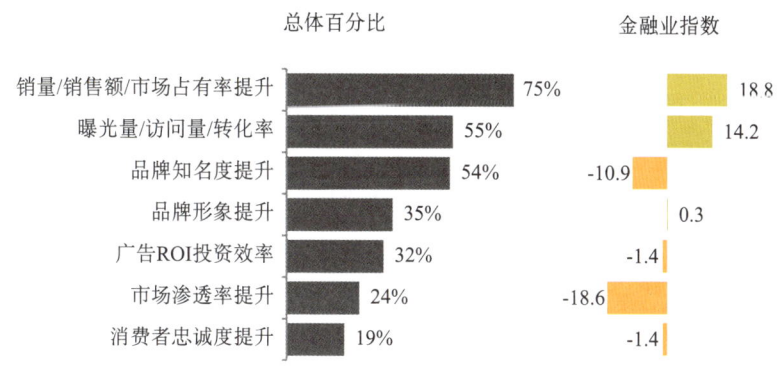

图3-5-2 广告主认为的广告有效性的标准（指数）

当信用已经成为所有金融产品的基本标配的时候，金融品牌的忠诚度降低，品牌重要性下降，这时，金融企业需要为品牌营销减负。被访企业说，"人们虽然依旧喜欢你的品牌文化，信誓旦旦说我还是会为你的文化去买单，但是一旦到了消费的时候，就是另外一回事了。"

2. 稳定也是实惠

金融产品的稳定性是一个国家企业和民众信心指数的关键。金融的相对稳定,是企业和民众的福祉,然而近几年随着通货膨胀的加速,汇率的波动,资产价格的异动,均引发人们对货币贬值的担忧,所以,金融产品的稳定性、保值增值,这些实惠性凸显。

在小额领域当中,大金融机构服务基本不如互联网金融灵活,这也是大金融机构承认的事实。

二、金融行业营销策略的未来构筑:广告界限打破、金融大平台概念出现

1. 互联网完全打通了广告和营销渠道,互联网产品是一种组合,互联网营销场景化

金融企业认为,互联网时代,完全打通了广告和营销渠道。原来的传统广告不能完成营销任务,广告传达的信息只是接收,在互联网时代却可以直接完成产品的采购,完成服务的选择,完成在线的支付。所以,现在有很多广告和营销融合在一起,分不清楚哪个是广告,哪个是营销,很难去界定它们。

某被访企业说:"单独的硬广告并不是说不好用,但得配合很多的营销。比如必须先要做植入,然后做贴片强化,强化完之后做地推,这三点结合在一起才有效。"表 3-5-1 显示,金融业广告主在终端推广费用(地推)上投入增加最多,而且相比其他行业增加幅度最大。

表 3-5-1　　营销预算各项分配比例的变化

	总体	金融业	差值(金融业-总体)
媒体广告费用—硬广/常规广告	29.1%	31.6%	2.5
媒体广告费用—软性广告	49.7%	47.4%	-2.3
公关传播费用	40.7%	42.1%	1.4
面向消费者的终端推广费用	56.6%	63.2%	6.6
中间商/代理商的维系和推广费用	24.5%	26.3%	1.8
其他推广或宣传费用	26.2%	36.8%	10.6

互联网是线上线下一体的,通过对客户的服务,运用线上的庞大功能来为消费者提供服务,而不仅仅只是提供一些线上的一些成品,它是一种组合的方式。某被访企业说:"互联网也可能在慢慢地向金融领域靠拢,有竞争不可怕,可怕的是互联网不会灭亡,金融也不会灭亡,但是可能有些品牌会灭亡,希望不会是本银行。"

在这种情况下,媒体的定义发生改变,"APP 也成为媒体,未来 VR 也许也会成为媒体"。媒体主要是做活动主题,使推广的内容能达到目标用户群。营销一定是场景化的,贴近客户的。

2. 未来会出现金融大平台的思维创新

互联网金融产品改变了用户识别金融的方式,在过去,所有的金融产品都是通过金融机构的网络或网点柜台来实现销售和服务,品牌统领能力很强。互联网不是,用户去识别互联网的时候,很难知道这个产品是哪家银行的。因而当企业的很多互联网产品,很多的传统金融产品发到线上以后品牌力不再那么强,号召力也没有那么强了。

金融企业意识到在互联网下,金融不再是开发所有的金融产品去黏合互联网,而是在某个平台可以经营所有银行的金融产品,而本企业只获得我的组合利润,或者最好一个产品都不是我的,我又不开发产品,但是谁都离不开这个平台,都需要到这个平台上来营销。

这种创新也许会产生于体制外。因为体制内管理银行的方法不是管理货币,是管理风险和对抗风险,而银行恰恰所有的管理风险机制都建立起来了。管理互联网的方法却不一样,互联网是玩风险,是经营风险。一个是管理风险,一个是经营风险,而每一个创新都是风险。金融最主要的是没有互联网的容错机制,互联网是有大错可以容错,一百个错都没关系,只要做成一件事就都可以收回来,而且不怕错。

三、金融行业现阶段的营销投入稳定,具有明显的行业特色

回到这两年金融企业的切实实际情况,金融行业的广告投入活动

保持相对投入的稳定,定量调查结果显示,金融行业广告主投放在当年营销预算中的占比基本稳定,低于总体增长。如图3-5-3所示,金融广告主预期净增(增加-减少)比例低于总体。但是在稳定中有一些新的现象和变化,理性和实效性增强。

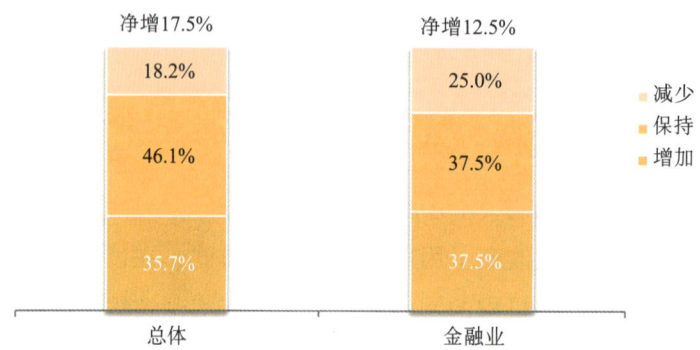

图3-5-3 广告主对当年营销预算占比的预期

1. 媒体选择注重形象,全年预算分配注重新旧媒体均衡性

(1) 媒体选择很慎重

金融企业选择媒体时更为慎重,会更加考虑契合度、媒体影响力和媒体形象。金融行业重视信用,其与国民经济密切相关的特性决定了他们开展营销活动时格外慎重(见表3-5-2)。

表3-5-2 广告主选择媒体的主要依据

	总体	金融业	差值(金融业-总体)
媒体受众与目标受众的契合度	78.8%	94.7%	15.9
媒体的投入产出ROI/性价比	69.5%	68.4%	-1.1
媒体的视听率/阅读率/流量	39.4%	52.6%	13.2
媒体的形象/影响力	32.8%	42.1%	9.3
媒体营销创新能力	19.9%	10.5%	-9.4
竞争对手的媒体投放策略	19.5%	10.5%	-9.0
媒体广告价格	14.6%	5.3%	-9.3
媒体的服务和执行能力	9.3%	10.5%	1.2
媒体的关系资源优势(如与代理公司/政府关系等)	5.6%	5.3%	-0.3
其他	0.3%	0.0%	-0.3

(2) 媒体预算的分配考虑均衡性

金融企业对传统媒体（电视、纸媒、户外、广播）的倚重依然没有减弱，需要重量级媒体对品牌形象的支撑（见图3-5-4）。

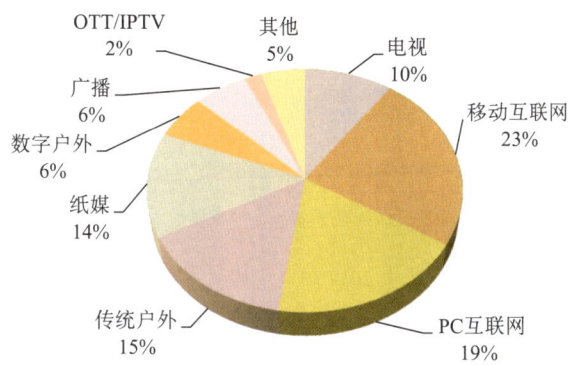

图3-5-4　2016年金融业全媒体广告预算分配

对新兴媒体也在不断尝试，乐于接受各种媒体形式，同时利用新媒体达成营销的落地，对新媒体的开放态度要高于某些传统行业（见表3-5-3）。

表3-5-3　　　　　　　　2017年全媒体预算分配预期

	总体	金融业
传统媒体（电视/户外/纸媒/广播/其他）	60%	56%
新兴媒体（PC/移动/OTT）	40%	44%

2. 理性对待各类传统媒体价值，维持稳定策略

(1) 电视

金融企业对全国性传统媒体更为倚重，他们认为大众传媒的东西，讲的是品牌的故事，和它的曝光。不是真正落地式的营销，因为所有的高端品牌都需要有一定的展示。所以，央视的国家品牌计划，各大银行都有广告投放，形成金融矩阵，金融机构感觉很好。如图3-5-5所示，金融行业在CCTV的投放比例相对其他行业来说占比最高。

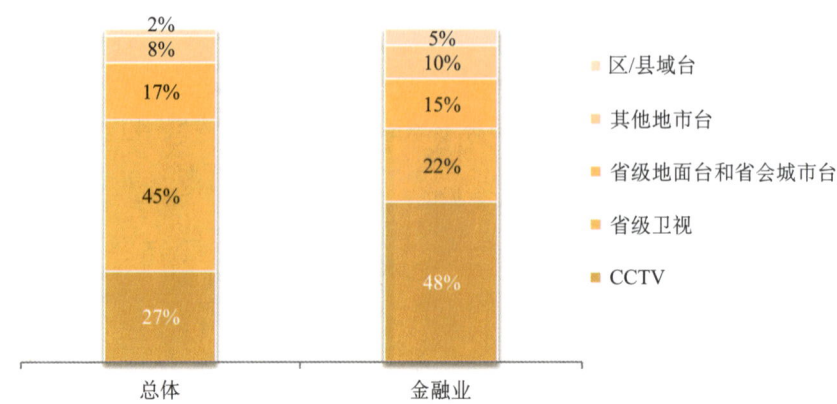

图 3-5-5　广告主 2017 年电视媒体广告预算分配预期

（2）纸媒

金融行业 PR 所占的费用较高，如下图所示在所有行业中纸媒投放占比最高，是总体的 2.3 倍。有的大型金融企业甚至会占到三成。金融行业依旧重视纸媒的价值，因为他们认为纸媒是新媒体的来源，是网络内容的来源，如果纸媒没有声音的话，网络上的声音都是一些非主流的声音对品牌没有意义（见图 3-5-6）。

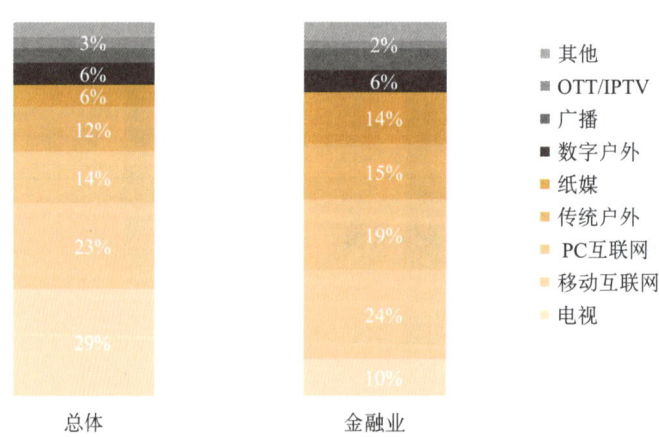

图 3-5-6　2017 年不同行业广告主电视预算分配预期

（3）传统户外和电子户外

金融行业传统户外广告的投放相比总体，交通广告最多如机场广告、地铁和高铁，其次影院类。机场广告的投放选择如机场廊桥广告有一部分企业领导意志在里面，但已积累了一定的影响力。

有的金融机构认为户外广告价值下降，因为他们认为消费者基本是手机低头族，无论是地铁还是高铁，看广告的人减少；甚至认为雾霾也影响户外广告的效果。所以，也有部分金融企业由于媒体趋势的转变以及这种广告形式比较单一化从而降低了户外广告的投放（见表3-5-4）。

表 3-5-4   2017 年计划投放的传统户外媒体

	总体	金融业	差值（金融业-总体）
机场类	39.4%	73.7%	34.3
地铁类	45.0%	57.9%	12.9
高铁/火车类	30.8%	52.6%	21.8
影院类	36.1%	52.6%	16.5
楼宇类	50.7%	47.4%	-3.3
高速公路类	17.9%	21.1%	3.2
公交车类	34.4%	21.1%	-13.3
城市街道类	31.8%	15.8%	-16.0
卖场类	33.4%	15.8%	-17.6
出租车类	8.0%	10.5%	2.5
其他	9.9%	5.3%	-4.6

对于数字户外广告，分众的电梯海报和框架广告预期增加最多，其次是机场电子广告（见表3-5-5）。

表 3-5-5   2017 年预期数字户外媒体相比 2016 年的变化情况

	总体净增	金融业净增	差值（金融业-总体）
电梯海报	5.3%	15.8%	10.5
空港媒体（机场、港口内的数字媒体）	7.9%	10.5%	2.6
移动户外	3.6%	0.0%	-3.6
商务楼宇液晶电视	5.0%	-5.3%	-10.3
卖场液晶电视	-9.6%	-26.3%	-16.7
其他	-2.0%	0.0%	2.0

（4）其他自媒体

金融企业自媒体投放也很多，包含移动自媒体、自有网点自媒体等。

移动自媒体的投放，如企业公众号。但是他们认为自媒体存活很难，因为在当今信息爆炸的时代，信息太多，消费者没有时间去阅读那么多内容，企业认为消费者也就是扫一眼标题，看一下内容，如果图片好儿玩会多看两眼。

银行网点的自有渠道也是不容忽视的一个媒体。每个银行在全国都有1万个左右分支机构，在分行还有很多漂亮的办公楼，在楼宇和网点上的LOGO本身就是一个文化无形资产。同时网点承载了大量客户，有几亿的客户都还在这些网点办理业务，把这些网点的营销传播系统建立好，也是一个很重要的渠道。

金融企业认为推介会效果也很好，如品牌形象的企业战略推介会，或者产品推介会。

3. 金融企业向新媒体倾斜，加强线上线下互动

（1）对新媒体形式和娱乐营销的应用考虑与行业特点的结合

一方面，金融企业想尝试新的方式，也想出彩，如逢节必有图，逢节还需要H5互动；另外一方面，金融企业也变得越来越理性，会理性地评估媒体内容与本企业的结合性。

如某金融企业说："大型综艺节目的广告曾经尝试过，投入较多且持续过几年，但由于感觉对品牌的转化没有快消品和服装那么容易，今天做一个赞助的节目晚上当天就能在超市形成销售，金融产品需要更多的沉淀时间，所以后来放弃了综艺节目的赞助，但会做一些综艺节目的植入广告。"

娱乐营销、植入广告等不会成为银行非常主流的一种选择，从调查结果来看，植入广告的使用在所有行业中基本属于最低。因为：一是品牌特性或者企业性质决定的，带有娱乐轻松些的投放只在微博上尝试；二是植入广告有风险，电影成功了，但是广告可能没被人记住，更倾向于中庸些的院线映前广告(见图3-5-7)。

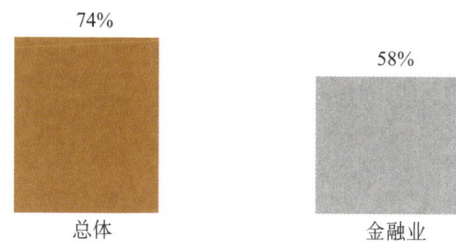

图3-5-7 2016年广告主植入广告使用比例

(2)向新媒体倾斜,加强线上线下互动,注重直达客户效果

金融企业对新媒体的看法,认为门户互联网在下滑,移动新媒体很吸引人,所以,喜欢尝新新媒体。表3-5-6中显示对移动互联的考虑比例超出其他大部分行业。

表3-5-6 2016年实际和2017年预期全媒体预算分配

	总体			金融业		
	增加(百分点)	2016年实际	2017年预期	增加(百分点)	2016年实际	2017年预期
电视	29.5%	28.6%	-0.9	13.4%	9.8%	-3.6
移动互联网	20.7%	23.0%	2.3	15.9%	24.0%	8.1
PC互联网	14.7%	14.4%	-0.3	18.7%	18.5%	-0.2
传统户外	12.4%	11.6%	-0.8	21.6%	14.6%	-7.0
纸媒(报纸和杂志)	6.5%	6.2%	-0.3	15.9%	14.1%	-1.8
数字户外	5.3%	5.5%	0.2	4.3%	6.3%	2.0
广播(电台)	4.3%	3.8%	-0.5	4.8%	6.3%	1.5
OTT/IPTV	1.9%	2.5%	0.6	0.7%	1.6%	0.9
其他	4.9%	4.4%	-0.5	4.8%	5.0%	0.2

但是对于移动互联,企业认为移动互联虽然时尚,但由于屏幕的局限对效果比较迷惑,纯品牌展示的新媒体开屏广告价值也不大,花哨的形式还是需要依托内容。所以更注重内容层面的互联网营销。同时,由于互联网的花费是跟随产品或活动一笔一笔花出去,所以对新

媒体投放的挑战也逼迫着市场人员合理评估新媒体效用。因为从事金融行业的人大都经济头脑发达，在一项投入上肯定是要追求回报的，尤其金融企业的高层，对广告的投入回报更为看重。

他们对新媒体提出一些切实要求：其一要看得见，花出去的钱所做的媒体宣传企业能看到；其二是有效果，曝光点击、覆盖面，真正的有效精准人群；其三认为只有植入场景中的广告可能才是有效的，更多地会投入到活动广告中去，如与网站合作进行的活动设计，渗透到消费者场景中，比如寿险介入马拉松现场赔付。其四注重直达客户效果。传统媒体逐渐向新媒体倾斜，除传统的门户新闻客户端和搜索引擎外，投入社会化营销（微博、微信朋友圈）、精准营销、DSP上的规模加大，取得了直达客户的不错效果。

对于互联网广告的效果，通常会通过这些方法来评估：一是跳转引流，二是停留时长，三是直观结果（如游戏兑奖、分享等）；也会根据媒体去区分，如微博曝光量大，微信直接触达效果好。但是认为微信无法监测效果，如阅读量等需要预估。

综上所述，我们发现金融行业的广告投放活动充满了明显的行业特色，并且他们对媒体的思索是理性的，考虑长远，但步伐求稳，他们对媒体的思索也是实际的，既要出新，又要保证效果。

（本部分分析内容来自中国广告主营销趋势调查，此调查为CTR自主调查项目，连续9年访问了中国媒体投放主要行业的重点广告主，每年进行一次。2017年调查与中国传媒大学广告学院、国家广告研究院联合发起，涉及12个大行业302位广告主，其中金融行业19位，涵盖银行、保险、证券、投行、基金和互联网金融等多个领域）

（本文作者：毛继萍，CTR战略发展部）

3.6 食品饮料行业广告主投放现状及趋势解析

根据 CTR 媒介智讯的广告监测数据，2017 年在媒体广告品类中，食品已经成为第一大广告行业，饮料是第三大广告行业，酒类则是第五大广告行业。这三个行业的广告投放占整个广告投放的 37.4%。因此，这三个行业广告投放在一定程度上影响了整体广告投放的走向，也可以间接作为其他行业参考的依据。本文将食品、饮料和酒类三个行业合并为"食品饮料"行业进行分析。

食品饮料行业的广告主总体上对国民经济和行业经济的预期略高于平均水平，既不过于乐观，也不悲观（见图 3-6-1）。

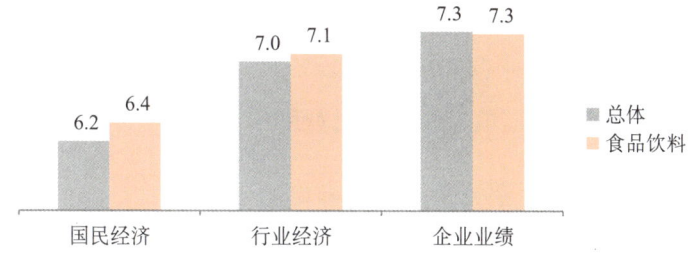

图 3-6-1 广告主对经济形势的打分（10 分制）

数据来源：《2017 年广告主营销调查》。

他们认为整体食品饮料市场 2017 年为震荡格局，除了部分品类如高端奶、高端水和运动饮料等的成长较可观,大部分产品不会有大的增长;其次,消费者对品牌的重视度没有以前那么强,小众非知名品牌但包装设计精美体现品质感的产品也比较会受年轻人的欢迎;消费者对产品本身健康的重视,消费者的消费升级等等。这些都对行业现有产品的发展产生一定影响,形成震荡格局。

一、媒体环境发生剧烈变化,广告主投放策略面临很大挑战,维持和创新双管齐下

1. 媒体的定义和内涵发生了变化

广告主认为媒体环境已经发生剧烈变化,媒体碎片化非常厉害。这对广告主的投放策略提出很大的挑战。广告主说,"做媒体,以前都好做,随便一个平台,随便一投,就能做出来效果,但现在不容易了"。

很多媒体的概念已经不再是单纯的媒体,它们的范围变得越来越宽,越来越多样化,"比如饿了么 APP,比如小米线上,都做得很好,无法定义它是一个单独的媒体,但是它的影响力基本上和小媒体差不多,甚至可能比小媒体大得多"。所以,快消品也会选择这种媒体来合作,根据其特性来做一些互动类的非单纯的广告投入的合作。

2. 媒体整体策略为维持和创新

总体来看,2017 年营销预算更加稳健,基本保持与去年相当的投放量。媒体投放变得谨慎,注重利润率和 ROI(见表 3-6-1)。

表 3-6-1　　　　　2017 年营销预算占比变化预期

	总体(%)	食品饮料(%)	差值(食品饮料-总体)(百分点)
增加	33.1	33.8	0.7
保持	42.7	54.1	11.4
减少	16.9	12.2	-4.7

对于硬广，虽然碎片化下消费者关注度下降，但是该做的轰炸效果还需要做，比如新产品，新的营销目标的推广。其次是如何创新，如何灵活设计广告活动，如在软广上的投入，在中间渠道的投入，口碑上的投入等（见表3-6-2）。

表3-6-2　　　　　营销预算各项分配比例的变化

	总体（%）	食品饮料（%）	差值（食品饮料－总体）（百分点）
媒体广告费用—硬广/常规广告	29.1	30.1	1.0
媒体广告费用—软广	49.7	56.6	6.9
公关传播费用	40.7	43.4	2.7
面向消费者的终端推广费用	56.6	55.4	-1.2
中间商/代理商的维系和推广费用	24.5	27.7	3.2
其他推广或宣传费用	26.2	19.3	-6.9

3. 媒体投放在区域上呈现国际品牌和国内品牌的互补

总体来看，食品饮料行业媒体选择投放的区域还是以二线城市为主，其次是一线城市，三四线城市和农村市场的投入更多，尤其2017年，如果费用有增加，会优先考虑增加到这些市场（见表3-6-3和表3-6-4）。

表3-6-3　　　　　2017年开展营销活动的重点市场/区域

	总体（%）	食品饮料（%）	指数
一线城市（北京/上海/广州/深圳）	67.6	59.0	83.0
二线城市（其他省会城市和计划单列市如青岛、大连、厦门等）	70.9	72.3	96.9
地级市	40.1	47.0	111.4
县级市/县城	25.5	36.1	134.6
乡、镇、村等农村地区	15.2	22.9	142.7
国际市场	11.9	6.0	48.0

注：多选题由于选择概率差异性直接对比绝对比例不一定具有可比性，指数的计算为食品饮料相对总和的比例除以总体相对总和的比例，指数超过100说明高于总体，低于100说明低于总体。

表 3-6-4　　2017 年优先考虑增加费用的市场/区域

	总体（%）	食品饮料（%）	指数
一线城市（北京/上海/广州/深圳）	48.3	38.6	76.8
二线城市（其他省会城市和计划单列市如青岛、大连、厦门等）	56.0	62.7	107.8
地级市	28.5	33.7	114.1
县级市/县城	13.3	19.3	140.1
乡、镇、村等农村地区	4.6	6.0	124.9
国际市场	6.0	2.4	38.9

从对不同类型企业的访问中看到，国际品牌与国内品牌出现互补现象，国际品牌下沉，向四到六线城市拓展；国内品牌上升，通过一二线城市做品牌，通过三四线城市跑量。

4. 媒体预算的把控按照档期设计，关注品类内外引领品牌做法

对于媒体预算的把控，"按档期来做，档期有多少资源，要做多长时间，做什么东西，有多少资源，这些都谈好了，你能做就去做，做不了就退而求其次"。

以前对于竞争对手的广告投放活动通常会作为媒介策略制定的依据，现在食品饮料行业已经不太考虑竞争对手怎么做，如表 3-6-5 所示，与总体相比，对竞品投放的重视度相对总体指数最低。相反，会关注业内其他品类知名品牌的行动，如某企业说："比如我是做某特殊饮料的，虽然我不做碳酸饮料，但会关注可口可乐在做什么，他们做的事情是不是有价值的，或者说是不是有一些可资借鉴的营销目的"。

表 3-6-5　　广告主选择媒体的主要依据

	总体（%）	食品饮料（%）	指数
媒体的投入产出 ROI/性价比	69.5	80.7	116
媒体受众与目标受众的契合度	78.8	78.3	99
媒体的视听率/阅读率/流量	39.4	37.4	94

续表

	总体（%）	食品饮料（%）	指数
媒体的形象/影响力	32.8	26.5	81
媒体营销创新能力	19.9	25.3	127
竞争对手的媒体投放策略	19.5	13.3	68
媒体广告价格	14.6	13.3	91
媒体的服务和执行能力	9.3	10.8	117

二、广告主营销思维模式：广告活动作为项目来设计，考虑共建共赢和聚焦发力

从访问中我们发现，广告主一方面在大项目中投入较多，尤其本土领导品牌，广告主认为综艺冠名很有价值，可以很快提升品牌知名度，对提升销量也有明显的作用，尤其是新品；另外一方面也尝试各种媒体创新，尤其一些国际性大品牌对新媒体和自媒体倾斜较多，他们认为广告概念的投放策略就是更精准，然后更偏向年轻人、更数字化、更互动化。

1. 广告投入的项目思维

综艺冠名一般价值比较高，属于一些大项目，是以大项目的名义来操作的，既然是作为项目来对待，就要有目标、有规划、有聚焦。

营销目标：可以到产品可以到人，比如2017年某一时段主推某个产品，另外一个时段主动接触某类人群。根据目标来投放广告，除了去关注媒体类型外，更重点关注媒体常规节目，好的节目带来好的收视率。

营销规划：设计营销活动，要做出特别之处来，与品牌的内容尽可能多的去做切入，这样传播效率会快过别人，通过与节目的共建。

在与节目的共赢共建主要考虑：（1）理解节目制作人的内容调性和营利性，广告主从节目本身的角度和消费者的角度，进行针对性的策划；（2）选择节目会有几个侧重点，如制作平台、制作团队、参与

的艺人,判断内容是否会火;(3)节目的营销理念是否新颖,节目有一些什么新的玩法,开发出来什么新型活动,广告主的品牌要起到引领行业的作用,希望本品牌能从众多的品牌里面凸显出来;(4)除了硬广植入,还有艺人、配套宣传,它的一些宣传能不能建立起来来跟我的品牌一起共建。

除了宣传的共建,为了达到聚焦效果,包括在内容设计上也会有行动。广告主认为,聚焦使用,效率就会出来,资源不聚焦就是资源浪费。

2. 项目思维决定了传统媒体的投入依然巨大

由于大的项目主要考验平台和制作团队,而优秀的平台和团队传统媒体依然在职业性和专业性上胜出,所以,从投放预算分配来看,食品饮料广告主实际上在传统媒体的投入上还是最大的,而且大过其他任何行业。电视媒体的投入尤其是企业母品牌形象的投入依旧占据了差不多半壁江山。比如企业所讲,对于母品牌,电视的投入每年很稳定,主要是品牌形象和品牌知名度维护,与产品无关,产品广告与销量挂钩(见图3-6-2和表3-6-6)。

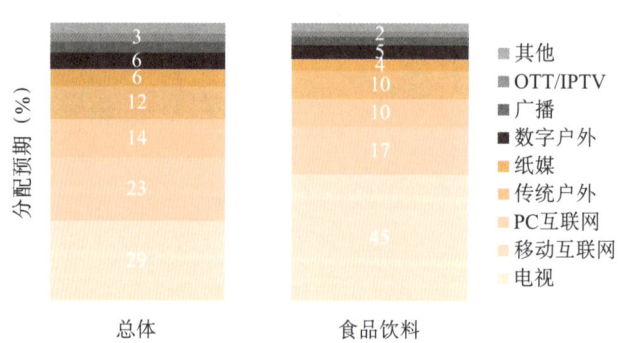

图3-6-2 2017年全媒体预算分配预期

表3-6-6 2017年全媒体预算分配预期

	总体(%)	食品饮料(%)
传统媒体(电视/户外/纸媒/广播/其他)	60	71
新兴媒体(PC/移动/OTT)	40	29

3. 项目思维降低了对代理商的依赖

广告主以前的广告活动基本交给广告代理公司全案策划和完成购买，现在广告主掌握更多的主导权，把广告活动作为一个项目来对待，根据企业的营销目标分解具体的媒介活动，然后部分交由代理公司去执行。广告主认为广告代理公司的作用由从前参与设计全案策划下降到执行的层面，因为他们现在越来越不了解甲方的目标和一些媒体的新的变化和用法。尤其一些本土大品牌表达了这样的观点。

三、对媒体的看法

1. 媒体选择没有新旧媒体的严格区分

对于媒体的选择，广告主认为他们不去区别对待传统媒体、新媒体，在广告主眼里，都是媒体，关键看内容、看平台、看制作团队，看内容与项目的契合性，而且好的电视节目在网络上也有口碑影响，是一种相互促进的关系。内容为王了，不管传统媒体或者新媒体，它只要有好的内容，大家都会贴过去。而传统意义上的媒体，比如说电视台上在做这个节目，人们也会经常去到一些外围的微博、微信，或者搜索上做些话题，包括网络上会更注重营销了。

觉得没有必要把传统和新媒体分得这么清楚。但是传统媒体如电视，它其实影响的人群与网络上影响的人群区别还是非常大的，所以还是要综合来使用这些媒体。而节目去做宣推的增量广告主也会主动去跟。作为大众消费品，电视是广度，覆盖所有可能购买的人群，户外和互联网是精准度。

认为即使单纯的传统媒体也在改变，变得以用户为中心。以前的做法"就是给他一笔广告费，他把我这个信息发布出去，他也不管你好还是不好，现在，这些传统的媒体和这些报纸，他们其实也会有一些变化，在于说他们也比较重视与消费者的感情沟通，他们也是要去增加他们的知名度，去扩充他们的忠实消费群体"。

2. 对新媒体形式的态度和应用

虽然目前广告主的侧重点在项目上，内容上，但对于一些新的东西，新媒介，新渠道，他们的态度是：（1）可以去参与、布局、了解、研究它的一些用法；（2）当作投资来对待，可以拿少量的一些资源来谈这些新的的东西，也许会成为一个爆款内容；（3）可以提高年轻群体对本品牌的好感度；（4）在行业内形成口碑引领。

对新媒体的应用有的很有效，"尝试了很多互联网资源，有很多是媒体根据广告主的需求开发出来的，有一些资源一开始只是开发出来作为非常规资源，现在开始放在常规资源里面售卖了，效果应该是不错的"。"网红直播也在做，但是都是地方性的，没有很大的"。

但是由于新的媒体形式，各种各样类型的公司，方方面面都有人在做，给广告主的感觉乱象如春秋战国，缺乏一个统一的标准规范和一些精细的东西。所以，很多时候对新媒体也持观望态度或浅尝即止。

3. 对媒体效果的看法疑惑较多

对媒体效果，广告主也存在不少疑惑。

对大项目综艺节目，"这两年发现综艺节目价格也越来越高。市面上的综艺节目越来越多，对于综艺的评估和综艺未来的效果我们也不好预估。"

对互联网媒体，感觉互联网很多资源是没法检测的，媒介的层面只能提供一些媒介数据，媒体提供的数据是会打折扣的。曝光也不意味着看到，到底有没有认真看也是没法保证。可监测的比如一些 APP 的开屏广告，而朋友圈信息流的广告就是不可监测的。朋友圈广告投了很多，但现在的效果并没有刚开始的时候好，效果也在打折扣。

对于数字广告的评价，因为要按照数字来结算和看效果，目前社会上存在一些极端的现象，比如半夜流量的突然直线上升，所以，数字上的一些呈现能够理解，但是并不太相信或者不以此为效果评判的依据。

目前，大部分广告主认为，对广告效果的评估更多需要通过调查来获取消费者的评价和反馈,有时候无法进行调查,便会首先在周边朋友的反应中求证一二。

4. 对植入广告的要求提升

食品饮料行业对植入广告的应用较多,高于其他行业,而且不少企业还在考虑加大这部分投入。对于效果的看法,认为分时间段来看,短期来看它的效果可能没有所谓的硬广那么有效,但长期来看,通过这些植入,潜移默化认识到品牌这一部分人来讲,这个效果是有的,这是一种感情投入。

植入广告希望有互动在里面,比如增加设计游戏的环节,这就会无形地增加你的曝光度。认为植入广告不像服装、化妆品那样转化率高(见图3-6-3)。

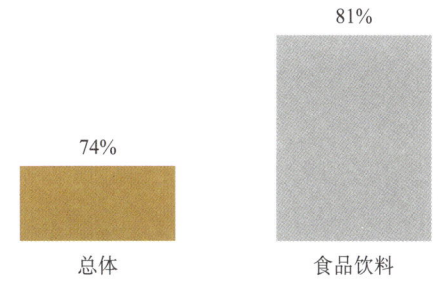

图3-6-3　2016年广告主植入广告使用比例

总体来看,食品饮料行业的广告主面对不再高速增长的市场,面对日益变化的媒体环境和不再那么忠诚的消费者,以及需求不同的消费者,他们在沉下心来仔细审视如何更好地花钱,变得更理性,主动积极地来运作各种资源,与资源一起实现共赢。作为媒体资源,需要考虑的是如何让广告主省时省力降低选择困难,打破现有机制,开阔思维,对各类大小资源、各种新旧媒介形式进行梳理、整合、平台化,既要将头部资源打造成大项目,形成品牌效应和大的影响力,又要推陈出新,以灵活多变的形式创造一些新的资源,配合广告主创新投放的需求。

（本部分分析内容来自中国广告主营销趋势调查，此调查为CTR自主调查项目，连续9年访问了中国媒体投放主要行业的重点广告主，每年进行一次。2017年调查与中国传媒大学广告学院、国家广告研究院联合发起，涉及12个大行业302位广告主，其中食品饮料行业83位，涵盖领域：（1）食品，各种食品如零食、乳品、速冻、熟食、食用油、调味品、保健品等；（2）饮料，含固体饮品、包装饮料、茶等；（3）酒，白酒和啤酒等）

（本文作者：毛继萍，CTR战略发展部）

后 记

今天我们奉献给读者的《中国消费与传媒市场趋势2017—2018》已经是连续五年出版的第五册了。在中国市场经济发展的历程中，年度趋势只是大趋势中的一个节点，最多也只是一个拐点，但正是连续的年度趋势勾画出了市场发展变迁的轨迹。

当人们追逐市场"风口"，热议"现象级"事件时，我们看到的不应该仅仅是"热点"和"焦点"，更多地是要看到衔接、延续和积累，如此才能洞察诱发这些现象的深层次原因，探究市场运行的新特点和新规律。只有全面剖析现象，才能把握市场规律和未来趋势。

在人类社会发展的历史长河中，科技创新带来的技术革命总是社会、经济发展的第一推动力。毫无疑问，数字技术和互联网的发展推动了当今社会的变革，改变了社会的交往方式，推动了社会、经济的进步。在探究这一变革趋势的时候，我们会发现，几千年来人类社会每次大变革的核心都会回归到"人"这个基本的社会细胞。今天也一样，人是变革的核心，也是我们洞察市场趋势的内核，这就是变化中不变的本质。

CTR是致力于中国市场趋势洞察的研究公司，22年对中国消费市场、传媒市场、广告及营销市场的研究经验，使我们能够从一个较长的发展变化过程中洞悉中国市场的基本趋势。因此，我们每年奉献的

"市场趋势",并非只是对当年数据的解读,而是基于连续数据对市场趋势的判断。我想这正是连续出版"市场趋势"的价值所在,也是我负责策划和组织这本书的宗旨。

当再一次鸣谢支持、指导本书的领导和作者时,我发现五年来参与"市场趋势"的作者已经超过了一百位。他们当中已经有相当一部分离开了CTR,但他们的研究成果和名字通过"市场趋势"留在了CTR。

感谢徐立军总经理的指导,感谢虞坚、赵梅、姜涛三位总经理助理的支持,以及战略发展部总经理刘会召的指导,同时要感谢公司各研究部门和市场公关部的大力支持。参与写作的作者有(按章节为序):虞坚、栾奕、刘勇、杜棣、姜涛、万强、李晏、李英超、王康、赵梅、黄磊、李聪、毛继萍、张弛、王玉飞。参与本书出版策划、设计及组稿的还有:金兴、张峥、易佳、赵雅文、王家伟、韩璐,全书由姚林主持修订。

姚　林

2017年9月